Allô la France

Allô
la France

Simone Renaud Dietiker

Gérard Burger

San José State University

Heinle & Heinle Publishers, Inc.

Boston Massachusetts 02210

Production Manager: Erek Smith
Developmental Editor: Carlyle Carter
Production Editor: Elinor Y. Chamas

Cover and text design: Prentice Crosier
Cover photograph: Alain Choisnet/The Image Bank
Illustrations: Prentice Crosier

Manufactured in the United States of America.

ISBN 0-8384-1292-0

10 9 8 7 6 5 4 3 2

Table des matières

Preface

Goals

ALLÔ LA FRANCE: Lectures variées pour la communication is a cultural reader that combines a strong emphasis on communication with a fresh, dynamic approach to reading in French. In this unique text, abundant and varied readings are enriched by numerous exercises and creative activities that build both reading and speaking skills. With *ALLÔ LA FRANCE,* students have the opportunity to read about interesting aspects and current changes in contemporary French and francophone cultures and to communicate with other students about these topics. The entertaining nature of many of the readings and activities encourages students using *ALLÔ LA FRANCE* to enjoy themselves while reading and communicating in French.

Courses for which it is intended

ALLÔ LA FRANCE is designed to be used as a reading supplement to any intermediate-level college French program or as the main text in an intermediate-level conversation course. Because of the universal appeal of its readings, it is also suitable for a third- or fourth-year high school program or for adult education students.

Text organization

ALLÔ LA FRANCE has fifteen chapters, each of which contains a variety of readings related to a central theme. One of the unique features of this reader is the overlapping of any one chapter theme onto the next. For example, a chapter on food leads to one on staying in shape through diet and exercise; that chapter then leads to one on sports in general. This overlapping of themes has several advantages: (1) Topics are never presented in an isolated, disconnected fashion; each time students start with a new chapter, they are on familiar ground. (2) Since students have already encountered some of the vocabulary and expressions in earlier chapters, this organization permits subtle reinforcement of structures and vocabulary. (3) Students are able to begin each new chapter with confidence and feel comfortable about expressing themselves in French.

There is a progression in difficulty from the first chapters to the last ones, and it is recommended to use the chapters in sequence. It is possible, however, to use the chapters in any order that best suits the needs of the class, since difficult words and expressions are glossed where they occur.

Chapter organization

Each chapter, which contains a rich variety of readings, exercises, and activities, is organized in a consistent manner.

Readings Following a brief introduction, which gives an overview of the chapter, there are three distinct types of readings: *Lectures d'information, Capsules,* and *Lectures de distraction.* Each chapter contains from one to three readings in each category.

- *Lectures d'information* are informative narratives, often adapted or excerpted from French magazines or newspapers. They cover various aspects of French life, describing, for example, how public transportation works in Paris, where the French take their vacations, and what kinds of advertising appear in the French media.
- *Capsules* are short culture notes that serve a variety of purposes: they give facts, cite statistics, or offer cross-cultural comparisons. Subject matter ranges from bicycle racing to trash collection to the origin of the smurfs.
- *Lectures de distraction* are lighter, more entertaining, and generally somewhat longer than the other readings. They come from a variety of sources: excerpts from French novels and short stories, adaptations from popular French magazines, and original short stories and dialogues written by the authors.

So that students can immediately verify their understanding of what they have read, a comprehension exercise follows each reading. These exercises may be set up as multiple-choice, sentence completion, true-false, or question/answer items.

Exercises/Activities In addition to the comprehension exercises following each reading, there are numerous and varied exercises and activities at the end of each chapter. These exercise types include:

- *Exercices de vocabulaire,* a unique feature in this reader, in which students are given the opportunity to use and practice the vocabulary and expressions they have learned in the readings through such formats as fill-ins and synonym-antonym matching.
- *A votre tour,* personalized questions relating the topics of the readings to the students' own experiences.
- *Interview,* topics suitable for one-on-one communication between students.
- *Discussions orales ou écrites,* discussion/composition topics of a more global nature.

- *Activités,* in which students are invited to create dialogues, organize debates, conduct surveys, role play, and much more.

Glossing and vocabulary

All words not listed in *Français fondamental 1ᵉʳ degré* that are not exact cognates are glossed in the margin the first time they appear in each chapter. Only the meaning of the word as it is used in the text is given, and, when possible, a French equivalent is used instead of an English translation. There is a French-English glossary at the end of the text, again listing the meaning used in the text.

Illustrations

The photos, cartoons, line art, realia, and ads that appear in the text have been carefully selected to bring the texts to life. Many chapters end with a section called *Coup d'œil sur le monde francophone,* featuring a photo from the francophone world, its caption relating it to the chapter theme. All the illustrations in the text can serve as a basis for conversation.

Acknowledgments

The authors would like to thank the staff of Heinle & Heinle Publishers, Inc. for their support and assistance in the preparation of *ALLÔ LA FRANCE.*

The publisher wishes to express particular appreciation to the following professors for their thoughtful reviews of the manuscript: Carol A. Herron (Emory University), Dominick DeFilippis (Bethany College), Paul R. Bernard (St. Mary's University), Charles Dockery (Davidson College), David King (Christopher Newport College), Micheline Dufau (University of Massachusetts, Amherst).

Allô la France? Vous avez la communication. Parlez, s'il vous plaît!

La bouffe 1

Hamburger ou steak frites?

Introduction

Lectures d'information
Le fast food = Le prêt-à-manger
Restaurants traditionnels et cuisine-minceur

Capsules
Calories, sucre, alcool
Fromages

Lectures de distraction
Repas chez la tante de Rouen
Comment commander au restaurant

Introduction

food

La bouffe (la nourriture, en langue familière) a toujours été importante pour les Français. La cuisine française a une réputation internationale, et bien manger est un des plaisirs favoris de ce peuple. Dans la plupart des villes, tout s'arrête entre midi et

yet

deux heures; les magasins ferment à l'heure sacrée du déjeuner. Pourtant depuis plusieurs années, on voit changer les habitudes des Français: d'abord, avec l'institution de la «journée continue»[1] dans certaines grandes villes, les Français ne rentrent pas toujours à la maison pour le déjeuner, et les restaurants fast food, venus

invade / aware
diet / art of cooking low-
  calorie meals
torn / thin
dishes / savored
settings

d'Amérique, envahissent la France. Et puis, les Français sont devenus conscients de diététique, de régime, et la cuisine-minceur entre en compétition avec la cuisine traditionnelle. Les Français sont souvent déchirés entre le désir de rester minces et en bonne santé et la tentation des plats délicieux dégustés dans des restaurants aux cadres élégants.

Lectures d'information

Le fast food = Le prêt-à-manger

des restaurants

McDonald, Burger King, Chicken Shop, Croc Minute, Bouf Bouf, les restaurants fast food envahissent la France. Au moins 350 établissements étaient ouverts à la fin de 1982, et on estime qu'en 1990 il y aura un millier de restaurants rapides qui serviront cinq millions de repas quotidiens!

ham and butter

even in

Pendant longtemps, la version française de la cuisine rapide, c'était le sandwich jambon-beurre. Mais depuis quelques années les grandes chaînes de restauration rapide ouvrent leurs établissements jusque dans les petites villes de province et connaissent un grand succès. Tout y est industrialisé: la

seasonings

cans / frozen French fries

fabrication du hamburger, celle du ''bun,'' petit pain rond, les condiments qui viennent en boîtes, les sauces dans les bidons et les frites surgelées. Mais les industriels français de l'alimentation ne sont pas contents. Les frites viennent

iceberg lettuce

d'Allemagne, la laitue frisée pousse en Espagne, les steaks de poisson sont fabriqués dans les pays nordiques. Même sur votre ticket, que vous donne la

cash register

thanks to

to set the table / to clear
  the table

caisse enregistreuse, ''Thank you'' est imprimé. Cela n'empêche pas les McDonalds et Chicken Shops de faire fortune, surtout grâce à une clientèle enthousiaste—les enfants. Ils adorent le service rapide, ils n'ont pas à mettre le couvert ou à débarrasser la table, ils peuvent manger avec les doigts (défendu à

---

1. La journée continue = a workday with a nine to five schedule and a thirty minute to one hour lunch break instead of the traditional two hour break.

la maison). Ils adorent les frites, que Maman n'a plus le temps de faire, et les *glaces* délicieuses servies comme desserts.

Mais il semble cependant que les «fast-foodeurs» français aiment aussi des versions plus raffinées de la restauration rapide: en effet, le hamburger, symbole du fast food, n'occupe que 33% du marché. Il est battu par les «viennoiseries»,[2] qui représentent 60% de la nourriture pour gens pressés. Malgré son nom, la viennoiserie est une invention bien française. C'est de cette invention que viennent les croissanteries, où on sert le croissant de base avec une grande variété de contenu, *saucisse*, pâté, etc.

Sur les *autoroutes* dans les «restops»[3], on peut déjeuner rapidement style fast food, mais bien, style haute cuisine: on vous sert une *demi-baguette croustillante*, remplie à votre choix *d'épinards* à la crème, d'une omelette au lard, d'un poulet basquaise.[4] Cela s'appelle une franquette, qui est maintenant le nom de «franchises» que l'on trouve en France mais aussi aux Etats-Unis: les croissanteries, les franquettes partent à la conquête du monde et les boutiques peintes en bleu-blanc-rouge commencent à faire concurrence aux célèbres arches d'or de McDonald!

ne plus – no more

ice cream

beaten

sausage
freeways, highways
half of a crunchy, long, narrow loaf of bread / spinach

---

2. **Une viennoiserie** = a bakery where croissants, brioches, and «pâte feuilletée» (puff-paste dough) are sold.

3. **Restop** = restaurant + stop.

4. **Basquais(e)** = the way food is prepared by the Basques (people who live in the south of France).

QUESTIONS

1. Quelle était pendant longtemps la version française de la cuisine rapide?
2. Pourquoi les industriels français de l'alimentation ne sont-ils pas contents?
3. Pourquoi les enfants aiment-ils particulièrement les restaurants fast food?
4. Y a-t-il des endroits où on peut déjeuner rapidement mais dans un style
«haute cuisine»?   **5.** Qu'est-ce qu'une «franquette»?   **6.** Combien y aura-
t-il de restaurants fast food en France en 1990?   **7.** Que peut-on acheter
dans une viennoiserie?   **8.** Qu'est-ce que c'est qu'une croissanterie?

Restaurants traditionnels
et cuisine-minceur

La nourriture est très importante pour beaucoup de Français qui quittent leur
bureau ou ferment leur magasin pendant une heure ou deux pour aller déjeuner. Et malgré le succès grandissant du fast food auprès des jeunes et des gens
in a hurry   *pressés,* on trouve encore beaucoup de restaurants traditionnels où on vous

Le restaurant «Lasserre» à Paris

propose des menus variés, à tous les prix: pour 20 F. ($2.50 environ) ou 200 F. ($25 environ) le menu est toujours complet, c'est-à-dire qu'on vous apporte un *hors d'œuvre*, un *plat de viande garni*, une salade, et un dessert ou un fromage. Bien sûr, la qualité et la quantité varient, mais ce qui compte pour beaucoup de Français, c'est le décor: beaucoup de gens pensent que pour bien profiter d'un repas, il est nécessaire d'être dans un cadre agréable; bon *éclairage*, couleurs harmonieuses, jolie *vaisselle*, *sièges* confortables, meubles de *bon goût* et service aimable sont des qualités qui font le succès d'un restaurant autant que la variété du menu ou la finesse des plats.

first course / meat dish with vegetables

lights / dishes / chairs
good taste

Traditionnellement, la cuisine française est riche, faite de sauces *épaisses*, avec beaucoup de beurre ou de crème fraîche. Mais depuis quelques années on a constaté que toutes ces *matières grasses* font grossir, donnent du cholestérol et causent des «crises de foie».[5] Si vous parlez de sa *santé* à un Français ou à une Française, une fois sur deux vous entendrez ce commentaire: «J'ai souvent des crises de foie.» On a trop mangé pour un repas de famille, et on *a du mal à* digérer? C'est le foie. On a trop bu pour célébrer un mariage, un baptême, et on a mal à la tête? C'est le foie. On *a mal au cœur*, vaguement la nausée? C'est le foie. Mais la cuisine moderne et les grands cuisiniers qui *lancent* les recettes et les modes ont une nouvelle tendance: on parle maintenant de cuisine-minceur, de cuisine *allégée*: les sauces sont légères, les plats ne

thick

fat

a de la difficulté
to have a stomachache

promote
lightened

Michel Guérard donne des conseils à une stagiaire dans la cuisine de son restaurant «Les Prés d'Eugénie».

---

5. **La crise de foie** = ailment believed to be caused by inflammation of the liver (upset stomach).

overcooked / pink
steamed

sont pas *trop cuits* surtout les légumes. Le poulet est servi «*rosé*»; le poisson n'est plus frit, mais *cuit à la vapeur.* C'est une cuisine délicieuse, qui fait plaisir et ne fait pas grossir. Quelle chance pour les gourmands![6] Un des plus célèbres, actuellement, de ces cuisiniers, est Michel Guérard: dans son restau-

to please one's tastebuds

rant d'Eugénie-les-Bains, on peut «*réjouir son palais*» déguster chaque repas comme une fête et maigrir en même temps.

Alors, pour les étrangers qui vont faire un voyage en France, il n'y a que

problem of choosing
mood
wallet

l'*embarras du choix* restaurant fast food ou restaurant traditionnel? Cuisine riche ou cuisine-minceur? Ils laisseront leur *humeur* leur foie, leur palais (ou leur *porte-monnaie* dicter leur choix.

QUESTIONS   Indiquez si les déclarations suivantes sont vraies ou fausses. Si elles sont fausses, corrigez-les.

1. Les Français prennent souvent une heure ou deux pour déjeuner.   2. Un hors d'œuvre est un plat qu'on sert en dehors du repas et souvent à la place d'un repas.   3. La variété du menu est plus importante pour le succès d'un restaurant qu'un cadre agréable.   4. Les Français ont des crises de foie parce qu'ils mangent trop de matières grasses ou parce qu'ils boivent trop de vin à un grand repas.   5. Dans la cuisine allégée on mange du poulet cuit avec des sauces épaisses.   6. Le poisson frit apporte moins de matières grasses que le poisson cuit à la vapeur.   7. Michel Guérard sert la cuisine traditionnelle dans son restaurant à Eugénie-les-Bains.   8. Avec la cuisine-minceur, on peut avoir du plaisir à manger et maigrir en même temps.

Capsules

Calories, sucre, alcool

On entend toujours dire que les Français mangent trop et pourtant les statisti-ques prouvent que la consommation quotidienne de calories pour l'Américain moyen est de 2.400, et pour le Français de 2.200. C'est que l'Américain moyen, qui consomme moins d'alcool que le Français, est un gros consommateur de sucre (55 à 60 kilos de sucre par an pour l'Américain

unbelievable

contre 30 kilos pour le Français). Cela paraît *incroyable*, car on pourrait penser que les Français passent leur temps à déguster les gâteaux de leurs merveil-leuses pâtisseries, et donc à accumuler les calories contenues dans ces

sweets / hides

sucreries. Erreur! Le sucre *se cache* et c'est ce sucre «invisible» mais présent

---

6. **Le gourmand** = a person who overindulges and eats too much of his or her favorite food.

dans les sodas, les «boissons douces» et les glaces qui est la perte de l'Américain. **soft drinks / downfall**
Aux Etats-Unis, on consomme 101 litres de sodas et de boissons douces par
personne par an et en France, 24,6 litres seulement. Voilà qui devrait donner
bonne conscience aux touristes qui ferment les yeux en passant devant une
vitrine de pâtissier, remplie de desserts tentants. Un éclair, une tarte aux fruits **display window**
ou un mille-feuilles rempli de crème sont moins «dangereux» qu'une dizaine **Napoleon**
de Cocas avalés dans la journée. Bonne nouvelle pour les amateurs de
douceurs! **sweets**

Fromages

Savez-vous qu'en France on fabrique environ 365 sortes de fromages? On pourrait en essayer un par jour pendant une année sans jamais manger le même deux jours de suite. Fromages maigres, fromages gras, fromages au lait de vache fromages au lait de chèvre ou de brebis, fromages fermentés dans des caves fraîches et sombres comme à Roquefort, fromages séchés dans des feuilles de vigne ou entourés de paille ou de cendre. Chaque fabricant a son secret et il est bien gardé. Mais beaucoup de petits fromages délicieux, qui étaient fabriqués autrefois par des artisans, ont disparu: leur production coûtait trop cher et n'était pas assez abondante. La fabrication à la chaîne est plus économique, donne des produits acceptables, mais quelquefois un peu fades. On consomme beaucoup de fromages en France, et les Français sont très fiers de leur production. Ils donnent à leurs fromages des noms poétiques: «Le Caprice des Dieux» ou pittoresques, «Le Crottin de Chavignol.»[7] Certains fromages sont exportés couramment et on trouve dans les marchés américains du Brie, du Camembert, du Port-Salut, du Roquefort. Et maintenant que la production du fromage tend à devenir internationale, il ne faut pas s'étonner de trouver du camembert et du chèvre "made in California." *Que le meilleur gagne!*

---

7. A small town where this type of cheese is made. *Crottin* means "horse dung."

QUESTIONS

1. Qui mange plus de sucre—les Français ou les Américains? **2.** Quels produits contiennent du sucre invisible? **3.** Décrivez six variétés de fromages français. **4.** Pourquoi des centaines de petits fromages fabriqués par des artisans disparaissent-ils? **5.** Donnez les noms de quelques fromages français que vous connaissez.

Lectures de distraction

Repas chez la tante de Rouen

—Bonjour, Monique, tu as passé un bon week-end?

—Oui, assez, Philippe. Je suis allée chez ma tante, à Rouen.

—Tu ne *t'es* pas un peu *ennuyée?*   bored

—Oui, un peu, mais la bouffe était inimaginable. *Qu'est-ce que j'ai mangé!* Tu   I ate so much!
sais, *en province,* on passe pratiquement tout son temps à manger, et chaque   in the provinces
repas est une cérémonie!

—Ah, oui? Raconte!

—Eh bien, tu vois, ça commence avec le petit déjeuner, très traditionnel. Moi,
à Paris, j'*avale* un café-crème et un croissant au café du coin, en vitesse. A   gulp down
Rouen, c'est le grand bol de café au lait, avec les *tartines* beurrées et la   slices of bread
confiture faite à la maison. Un délice!   preserves

accompagné / before-
dinner drinks / after-
dinner drinks

here we go again
slice

was fighting

gentille

—*(envieux)* Aaaaah!
—Puis à midi, c'est le banquet:hors d'œuvre, entrée, légume et viande, salade, fromage et dessert. Le tout *arrosé d'apéritifs*, vins variés, et *digestifs*. Moi, après tout cela, j'avais la tête lourde et j'ai fait la sieste tous les jours.
—*(encore plus envieux)* Vraiment?
—Et puis enfin, au dîner, vers huit heures, *on remet ça:* soupe de légumes, préparée par ma tante, une *tranche* de jambon, l'éternel morceau de fromage et un fruit.
—En effet, je t'envie.
—Tu m'envies? Mais mon pauvre vieux, moi, tout ce temps-là, je *luttais* contre la tentation, et je vais être obligée de passer des heures à la salle de gym pour retrouver ma forme. Et je rêvais d'un hamburger avec un Coca, dans un restaurant fast food.
—Eh bien, allons-y. Je t'invite au McDonald du coin; mais si tu es *chic*, la prochaine fois que tu vas chez ta tante à Rouen, invite-moi à aller avec toi...

QUESTIONS   Terminez les phrases suivantes avec les renseignements que vous trouverez dans la lecture.

1. Monique a passé son week-end...   2. En province on passe son temps...
3. Pour son petit déjeuner, à Paris, Monique prend...   4. Chez sa tante de Rouen, elle a pris...   5. Elle avait la tête lourde après le repas de midi, alors...
6. Au dîner, on mange...   7. Pour retrouver sa forme, Monique va...
8. Philippe invite Monique...   9. Philippe demande à Monique de...

Comment commander au restaurant

Deux amis, un jeune Français, Gilles, et un jeune Américain, Bryan, décident un jour d'aller déjeuner dans un bon restaurant parisien. Ils s'installent à une table et se préparent à commander.

Bryan: Un café, s'il vous plaît, et un verre d'eau glacée!
Le garçon: Pardon?
Gilles *(embarrassé):*   Mais non, mon vieux. En France, on ne t'apporte ni café ni d'eau fraîche au début d'un repas. On commence normalement par un apéritif. Garçon, deux Dubonnets, s'il vous plaît.
Bryan: J'aimerais aussi quelques hors-d'œuvre avec mon Dubonnet.
Le garçon: Pardon?
Gilles: Ici, on appelle «amuse-gueule» des choses comme des olives et des amandes salées. Les hors-d'œuvre sont une partie du repas: nous avons le choix entre du saucisson, des œufs mayonnaise, des radis, du pâté...

(Plus tard, après l'apéritif, les amuse-gueule et les hors-d'œuvre)

Bryan: Bon, maintenant, je vais prendre une salade.

Le garçon: Pardon?

Gilles: Euh, non, en France on mange la salade à la fin du repas; il faut d'abord commander le plat principal.

Bryan: Ah, oui, le plat principal, tu veux dire une entrée?

Gilles: Non, l'entrée, c'est encore quelque chose de différent—un soufflé, une quiche, un poisson—qui précède le plat principal quand on veut avoir un grand repas.

Bryan: Eh bien, commandons ce plat principal: pour moi, un bifteck avec des frites.

Gilles: Bon, tu as compris. Je vais prendre la même chose.

Bryan: Ah! Et pour boire, est-ce que je peux avoir un Coca?

Le garçon: Pardon?

Gilles: Sacrilège! Du Coca avec un bifteck! C'est un vin rouge qu'il nous faut, ou si tu ne bois pas d'alcool, une eau minérale.

Bryan: Bien. Alors, commandons une demi-bouteille de Bordeaux, et après, pour moi, un verre de lait avec mon dessert.

Le garçon: Pardon?

Gilles: Le dessert, c'est le *plateau* de fromages et des fruits ou un gâteau; si tu veux, tu peux prendre un café, mais du lait...   tray

Bryan: J'abandonne!

Gilles: Oh! Tu vas vite *t'habituer*. Les étrangers font parfois des gaffes.   to get used to

Bryan: Des gaffes? Je ne connais pas ce mot.

Gilles: Oui, on dit un «faux pas» en anglais, mais ce mot est un peu différent en français...

Bryan: Ah! Ah! Ah! Comme je *m'amuse!* Comme vous êtes pompeux, en   having fun
France! Tu crois que je ne sais pas tout cela? Tu crois que nous sommes
des *sauvages* aux Etats-Unis? Mon cher, j'ai appris toutes ces différences   *des personnes sans culture*

was teasing
l'expression

the bill
strawberries

et ces usages dans mon cours de français, niveau élémentaire. Je te *taquinais,* parce que j'étais sûr que tu allais me corriger. Vous, les Français vous adorez corriger les étrangers, et aussi je voulais voir la *tête* du garçon. Tiens, pour te faire plaisir, je ne vais pas commander un «pie à la mode» pour le dessert, et aussi je vais payer l'*addition.* Garçon, une tarte aux *fraises,* s'il vous plaît, et du champagne.

Le garçon: Ah! Enfin!

QUESTIONS   Indiquez si les déclarations suivantes sont vraies ou fausses. Si elles sont fausses, corrigez-les.

1. En France dans un restaurant on vous apporte automatiquement un verre d'eau glacée avec votre repas.   **2.** Un apéritif est une boisson qu'on prend avant le repas pour se mettre en appétit.   **3.** Les hors-d'œuvre sont un plat que l'on mange pour commencer le repas.   **4.** En France on mange la salade à la fin du repas.   **5.** Une entrée est le plat principal du déjeuner.   **6.** On boit souvent un Coca avec le bifteck.   **7.** Bryan commande un pie à la mode pour son dessert.

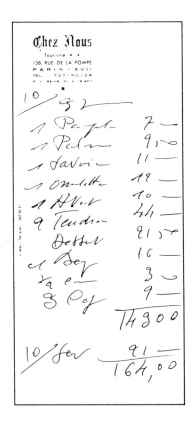

Exercices de vocabulaire

A. Mettez l'expression qui convient dans les phrases suivantes: **avoir faim, avoir soif, avoir envie, avoir besoin.**

1. Quand on ____ d'un repas léger, on va au restaurant fast food.
2. Si vous ____, ne buvez pas de vin, mais de l'eau.
3. Beaucoup de Français sont trop gros; ils ____ de suivre un régime.
4. Les personnes qui ____ quand elles voyagent peuvent acheter un sandwich à la gare.

B. Mettez un des mots suivants dans les phrases.

une baguette	des hors-d'œuvre	une boisson douce
avale	une glace	le croissant
une tranche de jambon	taquiner	les artisans
	les gourmands	

1. _ __ est une pâtisserie délicieuse qu'on mange au petit déjeuner.
2. Dans les sandwiches traditionnels on met souvent ____.
3. En France, on achète un pain long et mince, qui s'appelle ____.
4. Le dessert favori des enfants est ____.
5. On trouve beaucoup de sucre invisible dans ____.
6. Quand on est pressé, on ____ un café-crème à la place du petit déjeuner.
7. ____ mangent beaucoup de sucreries.
8. Voici ____: une salade de tomates, des radis, des œufs mayonnaise.

C. Le mot anglais *food* se dit en français: **la cuisine** (art of cooking), **les aliments** (components of a meal), **la nourriture** (basic food), **à manger** (something to eat). Choisissez le mot qui convient et mettez-le dans les phrases suivantes.

1. Dans ce restaurant, ____ sont d'une grande fraîcheur.
2. ____ française est célèbre dans le monde entier.
3. Il ne faut pas donner ____ aux animaux dans les zoos.
4. A la campagne, on mange une ____ saine et simple.

A votre tour

1. Est-ce que manger est votre occupation favorite? Pourquoi, ou pourquoi pas?
2. Allez-vous souvent dans des restaurants fast food? A quelle occasion y allez-vous? Si vous n'y allez pas, dites pourquoi.

3. Aimez-vous faire la cuisine? Si oui, quels plats faites-vous? Si non, qui fait vos repas pour vous et quels avantages trouvez-vous à cette situation?

4. Avez-vous un restaurant préféré? Qu'est-ce qu'on y mange? Décrivez le cadre de ce restaurant.

Interview

Deux camarades vont faire un pique-nique à la campagne, mais l'un a toujours peur de mourir de faim, tandis que l'autre mange «léger». Interviewez les deux pique-niqueurs et demandez-leur ce qu'ils vont apporter. Par exemple:

gros pique-nique

sandwiches variés
jambon, saucisson, pâté
poulet froid, rôti froid
chips, brie, camembert
gâteau au chocolat
vin et bière

pique-nique léger

carottes, céléri, radis
biscottes (*crackers*)
fruits
fromage minceur
eau minérale, thé glacé

Discussions orales ou écrites

1. Quand on pense à la quantité de gens (d'enfants surtout) qui ne mangent pas à leur faim dans le monde, est-ce que cela ne semble pas futile, et même choquant, de passer tant de temps à préparer ses repas, à parler de nourriture, à moins manger pour maigrir? Quelle est votre opinion? Avez-vous une solution à offrir pour réduire la faim dans le monde?

2. Que savez-vous des habitudes alimentaires des Américains et de celles des Français (composition et durée des repas, diététique, consommation de vin et d'alcool, de pâtisseries, de sodas, de glaces, de viande, etc.)? Faites une comparaison.

3. Entre un restaurant typiquement français et un restaurant typiquement américain, lequel préférez-vous? Pourquoi?

Activités

1. Vous organisez avec des amis un repas de gala et votre budget est illimité. Voici la carte. Quel sera votre menu? ...et n'oubliez pas l'Alka Seltzer!

Hors-d'oeuvre

Fonds d'artichaut jardinière	15,00
Saumon fumé	40,00
Crudités	15,00
Assiette de jambon Paris	22,00

Plats Garnis

Bœuf grillé	45,00
Choucroute brasserie	29,00
Poulet garni	27,00
Confit de canard	56,00

Salades

Salade maison	24,00
Salade niçoise	24,00
Salade mexicaine	25,00
Salade exotique	25,00

Fromages

Emmental	9,50
Camembert	9,50
Roquefort beurre	11,00
Yaourt	5,00

Carte des Vins

Côtes-du-Rhone	22,00
Rosé du Tarn	14,00
St. Emilien	58,00
Blanc de Blancs	36,00

Boissons Fraîches

Coca-Cola	9,00
Orangina	9,00
Perrier	9,00
Jus de fruits	9,00

Glaces et Desserts

Crème caramel	8,00
Mousse au chocolat	8,00
Crêpes au Grand-Marnier	11,00
Poire Belle Hélène	18,00
Coupe Melba	18,00

2. Faites un sondage *(survey)* de la classe sur des plats exotiques les plus bizarres que chacun a goûtés. Expliquez à vos camarades de classe pourquoi ils devraient goûter à un de ces plats.

3. Jouez à trois une scène dans un restaurant: un garçon et deux clients (clientes): l'un(e) veut un repas style province, l'autre veut de la cuisine végétarienne, allégée!

4. Jouez le rôle d'un Français typique qui commande un repas dans un restaurant américain: il s'étonne de tout: le verre d'eau glacée, la salade au début du repas, le café comme boisson; il réclame des hors-d'œuvre, une entrée, la salade en fin de repas, etc.

Coup d'œil sur le monde francophone

melt
stove, burner
dips
stuck in the end

En Suisse, un plat bien connu c'est la fondue. On fait *fondre* un mélange de fromage, vin, et kirsch dans un pot placé sur un petit *réchaud* posé au milieu de la table. Chacun *plonge* une longue fourchette avec un morceau de pain *piqué au bout* dans la fondue. C'est un plat qu'on apprécie encore plus quand on le déguste en compagnie d'un groupe de camarades et d'un bon petit vin blanc.

La forme 2

A bas «métro, boulot, dodo»

Introduction

Les Français ont la réputation de bien manger et de bien boire. Comme les Américains, ils souffrent de maux causés par la vie moderne: le surmenage, le stress[1]... Pour ne pas devenir trop gros, pour lutter contre la fatigue, il y a une solution: faire de l'exercice. Garder la forme est devenu très important pour les Français, qui suivent l'exemple des Américains: ils font du jogging, jouent au tennis, vont à un club de gym, suivent une cure[2]. Ce désir d'être en forme devient quelquefois une obsession et presqu'une folie! Les magazines multiplient les conseils de régime et les recettes de beauté. La science fait même des recherches pour prévenir l'obésité. Jane Fonda est devenue aussi populaire en France que dans son pays!

Lectures d'information

La folie de la forme

Comme tous les habitants des pays civilisés, les Français souffrent de maux modernes: le stress, la malbouffe, le mal dans sa peau.
- Le stress est causé par les conditions de vie, la fatigue, le surmenage, les soucis quotidiens.
- La malbouffe, ce sont les repas pris en vitesse dans les restaurants fast food, l'excès d'alcool ou les trop copieux repas d'affaires.
- Le mal dans sa peau, c'est le résultat de tout cela; on est (ou on se sent) trop gros, on ne fait pas assez d'exercice, on a des muscles mous, on n'est pas bien dans sa peau.

Pour lutter contre ces maux qui affectent les gens de tous les âges, une mode, venue d'Amérique, a submergé la France: la création de salles de gym de plus en plus nombreuses, les clubs de mise en forme, les revues ou les livres spécialisés sur le sport. La folie du corps en forme a envahi la population française.

Bien sûr, on peut très économiquement faire travailler ses muscles, perdre des kilos, raffermir son ventre et ses mollets. Cela ne coûte rien qu'une paire de baskets et un survêtement et on part trotter autour du pâté de maison, on jogge seul ou en famille. Si on a une bicyclette, on peut faire un parcours au Bois de Boulogne ou à la campagne. 2.300.000 vélos se sont vendus en France en 1980 contre 1.200.000 dix ans plus tôt. Pour le prix d'une raquette et d'un

---

1. Le stress: English word often used in French to describe extreme fatigue and the pressures of a busy life; la tension.
2. Suivre une cure: to go to a health spa, a place where one relaxes, exercises, drinks special water according to a strict schedule (e.g., Vichy, Evian).

abonnement dans un club de tennis, on *tape* sur une balle pendant une heure *au lieu de* déjeuner. Le nombre des joueurs de tennis a quadruplé en dix ans.

Mais ce sont les clubs de gym qui ont le plus de succès: gym douce, gym dansée sur disco, gym collective, jazz danse, yoga, aerobic, «stretching», «body building», travail *aux haltères.* Les gyms ont comme *récompense* la relaxation, le massage, le *bain-remous,* le sauna, le solarium avec rayons pour *brunir.* Dans les *villes d'eau,* comme à Vittel, où, avant, des personnes très calmes *menaient la vie* un peu ennuyeuse des *curistes,* le Club Méd a créé un centre de *mise* en forme: une mini-cure de huit jours pour les stressés de la ville. C'est une sorte de *stage d'amaigrissement* et de *redécouverte* de son corps et de *la forme: un bain,* deux massages, trois verres d'eau, quelques mouvements de gym, et peu de calories pour les repas à l'hôtel. On *perd* quelques kilos et on retrouve sa forme.

QUESTIONS

1. De quoi souffrent les Français?   2. Qu'est-ce qui cause le stress?
3. Définissez l'expression «être mal dans sa peau».   4. Que font les Français pour lutter contre ce malaise?   5. Que font beaucoup de Français au lieu de déjeuner?   6. Décrivez le centre de mise en forme créé par le Club Méd.

Ceux qui se mettent sérieusement en forme peuvent participer à un événement sportif sérieux, comme le marathon de Paris.

Comment lutter contre la fatigue grave

La fatigue, le stress, c'est la maladie moderne. Une maladie qui peut tuer: elle cause la dépression nerveuse et l'*infarctus*. Qu'est-ce qui cause le stress? La monotonie du travail, «métro, boulot, dodo»,[3] le surmenage, la façon de se nourrir, les ennuis psychologiques ou financiers. Voici quinze conseils pour lutter contre la fatigue:

1. Evitez les *pilules coupe-faim*.
2. Prenez trois vrais repas par jour et surtout un petit déjeuner copieux.
3. Faites une cure de thalassothérapie[4] (bains d'algues, piscine, gym, sauna).
4. Ne pratiquez pas de sport excessivement violent pendant le week-end.
5. Faites de la politique, de la boxe ou du judo pour exprimer votre agressivité.
6. Choisissez bien votre lieu de vacances. Faites un bon choix dans un endroit où vous pourrez vous reposer.
7. Marchez. Achetez, si c'est nécessaire, un chien pour être obligé de le sortir.
8. Trouvez un hobby, des activités variées et *bénévoles* (club, groupes pour jouer aux cartes, jardinage).
9. Ne dormez pas trop (de sept à neuf heures).
10. N'oubliez pas de prendre vos vitamines B1 (qu'on trouve dans les oranges et les citrons, les épinards et le *pain complet*).
11. Travaillez davantage. Evitez l'inactivité et l'ennui.
12. Changez votre alimentation. Mangez plus de poisson et de viande grillée, de crudités, de légumes cuits à la vapeur.
13. Evitez la télévision.
14. Changez l'éclairage de votre appartement. Pas de rouge ni de bleu vif.
15. Pensez au magnésium (qu'on trouve dans les *noix* et les amandes).

Adapté d'un article de *Paris-Match*

QUESTIONS   Terminez les phrases suivantes avec les renseignements que vous trouverez dans le texte.

1. Ce qui cause le stress, c'est...   2. Pour lutter contre la fatigue, il faut manger...   3. On peut exprimer son agressivité ainsi: 4. Des activités suivantes sont bonnes pour se détendre: 5. On trouve des vitamines B1 dans...   6. Il faut éviter... et les couleurs...   7. Les conseils suivants sont un peu ridicules:

---

3. **Métro, boulot, dodo** is a sing-song rhyme characterizing people who spend their whole lives taking subways (*métro*), going to work (*boulot*), and sleeping (*dodo*).
4. **La thalassothérapie** is the use of warm seawater baths to treat rheumatic pain.

Margin glosses: heart attack · diet pills · voluntary · wholewheat bread · walnuts

LE YOGHOURT D'AUJOURD'HUI

Pour la vie d'aujourd'hui.

Vie trépidante, vie prenante, mais aussi détente, grand air, alimentation plus saine et plus légère. C'est la vie d'aujourd'hui.

Yoghourt d'aujourd'hui, Sveltesse est préparé avec un lait écrémé de toute première qualité.

Facile à trouver au rayon des produits frais c'est le yoghourt léger du petit déjeuner, du déjeuner et du dîner. Chaque jour, pour un meilleur équilibre alimentaire, choisissez Sveltesse. Il a l'incomparable qualité des produits Chambourcy.

LIGNE MINCE
Sveltesse ®

LA FORME SANS LES GRAMMES

Goûtez la qualité Chambourcy.

Capsules

L'alcoolisme

Il n'y a pas longtemps que l'alcoolisme est reconnu comme une maladie. Jusqu'à ces dernières années, on considérait les alcooliques comme des personnes honteuses et, en même temps, on se moquait d'eux. Dans la littérature, au théâtre surtout, les personnages d'ivrognes comiques sont nombreux. Et souvent, dans les soirées familiales, dans les réunions une personne qui boit trop met de l'animation, fait des plaisanteries et des commentaires drôles qui font rire tout le monde. Un bon repas finit toujours par des chansons à boire, on vide les bouteilles, etc.

On se rend compte maintenant que les alcooliques sont des malades qui posent des dangers publics. Familles brisées, violence conjugale, enfants battus sont des drames quotidiens. Les accidents de voiture causés par l'alcool sont devenus si nombreux que les pouvoirs publics se sont alarmés. Les statistiques prouvent que l'alcoolisme tue 70.000 personnes par an en France, par accident, maladie, crime ou suicide. Une campagne anti-alcoolique essaie d'éduquer les gens qui ne voient rien de mal à boire un petit verre de plus avant de prendre le volant.

Un slogan dit: «Un verre, ça passe; trois: Bonjour les dégâts!»[5] Mais, malgré les efforts de cette campagne et d'organisations comme Alcooliques Anonymes, les progrès sont encore très lents.

L'obésité

Molière faisait déjà dire à un de ses personnages: «Il faut manger pour vivre et non pas vivre pour manger.»[6] Traditionnellement, les Français aiment manger, et l'appétit est un signe de bonne santé. Les gens qui mangent beaucoup et qui apprécient la bonne nourriture, on les appelle des gourmets, des gourmands, des bons vivants...[7] Un monsieur avec un gros ventre et un visage rouge, une dame aux formes rondes comme un Rubens étaient autrefois des modèles de santé et même de beauté.

Mais la mode change et la diététique est une science nouvelle qui corrige cette conception de la santé et de la beauté. On sait maintenant que souvent

---

5. A glass of wine is OK; if you drink three, you are inviting trouble.
6. Line spoken by Harpagnon in the play *L'Avare*, written by the 17th century French playwright, Molière.
7. **Un gourmet** is one who enjoys good food; **un gourmand** is one who overindulges in eating favorite foods; **un bon vivant** is one who enjoys all pleasures of life, including food.

l'obésité et la gloutonnerie ont des causes psychologiques profondes et sont jusqu'à un certain point des maladies. On connaît les dangers des excès d'alimentation, et les conseils de régimes de modération se multiplient. Les médecins nous disent de manger moins et d'éviter le sel, le sucre, la viande rouge, l'alcool, les sauces épaisses et les aliments qui font grossir. Mais quel plaisir y a-t-il à manger des aliments fades sans sel, sans sucre? Alors, la technologie alimentaire conduit à des recherches pour créer des aliments qui font plaisir mais nourrissent peu des «sucres» sans sucre, des «graisses» sans gras, des alcools sans calories. Des chimistes étudient des hormones qui font maigrir. (On en a déjà isolé une chez le mouton.) La biologie et la génétique déterminent nos réactions aux aliments: en signalant notre attirance pour certains aliments qui rendent obèses, on pense être capable un jour d'établir un régime très tôt pour les enfants. Tout cela pour obtenir des corps sains, harmonieux, bien proportionnés, la race humaine de l'avenir...

tasteless

are palatable / bring little nourishment

make

QUESTIONS   Indiquez si les déclarations sont vraies ou fausses. Si elles sont fausses, corrigez-les.

1. Les ivrognes ont toujours été des personnages tristes dans le théâtre français. 2. L'alcoolisme tue 70.000 personnes par an en France. 3. Grâce aux AA, il y a une régression de cette maladie. 4. Autrefois l'obésité était un signe de santé. 5. Tous les aliments qui font plaisir font grossir. 6. On a trouvé une hormone qui fait maigrir. 7. Les enfants n'ont pas besoin de régime.

Lectures de distraction

Jane Fonda et la forme

Jane Fonda a fait de la santé et de la forme physique son nouveau ''hobby''. Avec un livre ''Jane Fonda Works Out'' et une bande vidéocassette ''Work Out with Jane Fonda,'' elle enseigne au monde l'art de rester jeune et beau en se faisant des muscles et en contrôlant sa nourriture. «J'ai compris ce qu'est la beauté, explique-t-elle. Ce n'est pas la minceur obtenue *à n'importe quel prix* mais le *rayonnement* qui *émane* d'une femme saine et pleine d'énergie.» Bref, pour Jane, la beauté, c'est la santé. Dans sa méthode, elle révèle ses régimes, donne des conseils de nutrition et enseigne la gymnastique, la maîtrise du corps et le sens de l'effort musculaire. Elle-même pratique deux heures de culture physique par jour.

at any price

radiance / to radiate

   Elle habite avec son mari et leurs deux enfants dans une maison simple et confortable à Santa Monica près de Los Angeles: pas de luxe, mais une vie

motto

réglée par la diététique et le sport. Ni alcool ni tabac. Ils sont interdits. Mais on court tous les matins pendant deux heures sur la plage. «Mens sana in corpore sano»,[8] telle semble être la *devise* de Jane, qui, plus belle et plus rayonnante que jamais, offre au monde l'image d'un bonheur qui se gagne par la volonté.

Adapté d'un article de *Paris-Match*

QUESTIONS

1. Quel est le nouveau hobby de Jane Fonda?   **2.** Quelles sont les activités qui règlent la vie de Jane Fonda et de sa famille?   **3.** Quel est leur régime alimentaire pour garder la forme?   **4.** Quelle est la devise de Jane Fonda? **5.** Qu'est-ce que c'est que la beauté pour Jane Fonda?

Etre bien dans sa peau

La jeunesse éternelle

wrinkles

toutes les femmes / benefactor

effacer

to delay / skin moisturizing

Celui qui trouvera la formule qui permettra d'effacer les *rides* sera reconnu par *toute la gent féminine mondiale* comme le plus grand *bienfaiteur* de l'humanité et, sans aucun doute, deviendra très riche. Les milliards consacrés à la recherche dans ce domaine ont malgré tout permis d'arriver à cette conclusion positive: si on ne peut pas encore *vaincre* les rides, on peut au moins *retarder* leur apparition. Alors, en attendant, on nous propose l'*hydratation de la peau...*

Santé obligatoire

to look healthy / to be in good health

swing

to go mountain climbing / *le prix*

La santé fait aussi partie des attributs de la femme merveilleuse. Il faut toujours *avoir bonne mine*, n'être jamais fatiguée, avoir sans cesse *bon pied bon œil*, être capable sans effort de tous les efforts. Et dès vos premières minutes de vacances, il faut que vos joues pâles prennent des couleurs. Allez, venez, respirez, courez, sautez! Prenez ce ballon, jetez-le moi, faites un peu de *balançoire*, où est votre raquette de tennis? Avez-vous votre costume de bain, pouvez-vous arroser les fleurs de jardin... Venez! ça va être amusant, on va *faire une escalade!* Epuisant, tout ça... mais c'est la *rançon* de cette santé obligatoire!

Le bonheur d'être femme—Agnès Varda, cinéaste

«... être bien dans sa peau, c'est aussi être bien dans la peau de sa tête. Au départ, il y a une question de santé... Pour me maintenir en forme, je fais attention à ce que je mange... Je ne prends ni café ni médicaments. Je ne bois

---

8. **Mens sana in corpore sano** is a Latin motto meaning ''a healthy mind in a healthy body.''

pas d'alcool et je ne fume plus. Quand j'ai le temps, je marche, et quand je prends des vacances, j'en profite formidablement. Je fais du yoga depuis très longtemps et avec une régularité qui me surprend moi-même. J'ai aussi besoin d'avoir des moments de *faiblesse*! Quand j'ai envie de pleurer, je pleure. *Ça fait du bien...*

La tendresse aussi, pour se sentir bien, hommes ou femmes, c'est un truc fantastique, il ne faut pas avoir honte de la montrer. Si on peut exprimer sa tendresse, c'est un peu moins grave d'avoir *un nez qui tombe* ou *des fesses trop rondes*. Je vois tellement de filles superbes qui ont pourtant des complexes! Mais la tendresse, ça ne se force pas, et si les hommes ou les femmes la laissaient parler naturellement, ils seraient moins obsédés par des *bricoles*. En fait, c'est peut-être un privilège de l'âge d'arriver à être bien dans sa peau par cette tendresse...»

weakness

it feels good

a drooping nose / a fat behind

des choses sans importance

Extrait d'un article de *Elle* par Franka Berger

QUESTIONS   Choisissez la phrase qui complète le mieux les déclarations suivantes.

1. Le plus grand bienfaiteur de l'humanité sera quelqu'un qui trouvera la formule
   a. pour rendre les femmes riches.
   b. pour répandre l'usage de l'hydratation de la peau.
   c. pour retarder l'apparition des rides.

2. Pour rester en bonne santé
   a. il faut avoir des activités raisonnables.
   b. il faut faire des sports violents.
   c. il faut prendre beaucoup de vacances.

3. Agnès Varda pense qu'on est bien dans sa peau
   a. si on mange ce qu'on veut.
   b. si on évite de pleurer.
   c. si on exprime sa tendresse.

4. Agnès Varda fait du yoga
   a. dans des moments de faiblesse.
   b. régulièrement.
   c. quand elle en a envie.

Comment lutter contre l'infarctus

Hervé: Salut, Patrick. Comment vas-tu?
Patrick: Moi, ça va, mais c'est mon père qui nous a fait peur.

minor

are you kidding?

indoors

was getting out of
  breath, you could not
  believe it

do you believe... / signed
  up

Hervé: Ah, oui? Comment ça?

Patrick: Eh bien, tu ne sais pas qu'il a fait un infarctus il y a deux mois?

Hervé: Non, j'ignorais. C'était sérieux?

Patrick: Non, heureusement, une attaque *légère*, mais tout de même...

Hervé: Pourtant, il avait l'air en bonne santé.

Patrick: Oh, oui, comme ça, en surface, mais tu sais, avec la vie qu'il mène, les déjeuners d'affaires, le stress, «métro, boulot, dodo» et tout le reste... A la fin, ça peut vous tuer.

Hervé: Mais maintenant, est-ce qu'il se repose?

Patrick: *Penses-tu!* Il a repris le même rythme. Tout de même, il s'est mis au régime: petit déjeuner copieux, mais repas légers; viandes grillées, crudités et surtout, pas d'alcool!

Hervé: Fait-il de l'exercice, au moins?

Patrick: Oui, de la bicyclette «*en chambre*». Et puis, je l'emmène faire du jogging le week-end. On a commencé par un *pâté de maisons*: il *s'essouf-flait, c'était pas croyable*. Maintenant, on en fait dix.

Hervé: Et toi, tu as l'air en forme!

Patrick: Oui, *figure-toi* que je *me suis inscrit* à un club de gym et j'y ai rencon-tré une fille sensationnelle: elle fait des haltères. Alors, tu comprends, pour rester à son niveau, j'en fais aussi.

Hervé: Eh bien, bravo, mon vieux!

Patrick: Viens donc au club un de ces jours. Je t'assure que la mise en forme, ça peut devenir une vraie passion.

QUESTIONS

1. Comment était le père de Patrick avant son attaque?   2. Quelle vie mène le père de Patrick depuis l'attaque?   3. Quels exercices fait-il?   4. A quil régime alimentaire s'est-il mis?   5. Quels autres avantages que la forme y a-t-il à s'inscrire à un club de gym?

Exercices de vocabulaire

A. Complétez les phrases suivantes en utilisant le vocabulaire suivant:

la politique	la boxe	le régime
le stress	le judo	un bain-remous
des baskets	l'infarctus	pilule coupe-faim
vélos	kilos	la diététique
un survêtement	la malbouffe	la forme

1. Pour faire du jogging on a besoin _____ et _____ .
2. 2.300.000 _____ se sont vendus en France en 1980.
3. Si vous désirez exprimer votre agressivité, faites _____ , _____ ou
_____ .
4. Après un stage d'amaigrissement, on perd quelques _____ et on retrouve _____ .
5. Quelques maux modernes sont _____ , _____ , _____ .
6. Pour rester mince, on peut prendre une _____ avant le repas.
7. La science qui étudie les dangers de la suralimentation s'appelle _____ .

B. Complétez les phrases suivantes en utilisant une des expressions suivantes: **avoir l'air, avoir peur, faire peur, avoir mal, faire mal.**

1. Tu _____ fatigué! Tu travailles trop!
2. Mon père a fait un infarctus! Il nous _____ .
3. Les premiers jours d'exercices, on _____ aux muscles.
4. Les Français _____ de devenir obèses.
5. Les personnes qui font beaucoup d'exercices _____ d'être en forme.
6. J'_____ de grossir si je mange trop!
7. Les maux modernes commencent à _____ aux Français.

C. Dans les groupes suivants, trouvez le mot qui ne fait pas partie de la série
et dites pourquoi.

1. a. le surmenage
   b. le stress
   c. la malbouffe
   d. les vélos

2. a. le jogging
   b. les haltères
   c. la gym douce
   d. le solarium

3. a. les oranges
   b. les citrons
   c. les épinards
   d. la viande rouge

4. a. métro
   b. radio
   c. boulot
   d. dodo

5. a. le foie gras
   b. les tripes
   c. le poisson grillé
   d. les sauces épaisses

A votre tour

1. Etes-vous en forme? Quelles activités sportives pratiquez-vous pour rester en forme?
2. Quels aliments vous paraissent essentiels pour rester en bonne santé?
3. Etes-vous bien dans votre peau? Quelles sont les circonstances qui vous donnent ce sentiment ou qui vous empêchent de vous sentir bien?
4. Que pensez-vous de cet impératif qu'impose la mode: «la minceur à tout prix»?

Interviews

1. Un garçon obèse demande à un garçon musclé ce qu'il fait pour rester en forme. Jouez la scène avec un(e) camarade. (courir, aller à un club de gym, manger des repas équilibrés, une nourriture saine, ne pas fumer, ne pas boire d'alcool, etc.)
2. Un docteur en diététique donne des conseils de vie saine à un client qui a peur des dangers de l'infarctus. (suivre un régime, se reposer, se relaxer, avoir beaucoup de sommeil, etc.)
3. Voici une liste d'aliments qui font grossir et une liste d'aliments qui font maigrir. Composez deux menus pour les trois repas d'une journée: un pour une personne trop maigre qui veut prendre du poids et un pour une personne obèse qui désire maigrir.

Aliments qui font grossir

les chips	le lait
le pain avec du beurre	le sucre
les frites	l'assaisonnement de la salade avec
les pâtes	de l'huile
les gâteaux	la mayonnaise
la glace	les confitures
les viandes en sauce	l'alcool
le fromage	les bonbons
le beurre	le chocolat

Aliments qui font maigrir

les crudités	les fruits
les légumes cuits à la vapeur	la salade
les viandes grillées	l'assaisonnement au citron ou au
le poisson	yaourt
les fromages maigres	l'eau minérale
les biscottes	le poulet

4. Imaginez et jouez avec un(e) camarade une querelle entre une personne qui se laisse aller et accepte son style de vie «métro, boulot, dodo» et une autre personne qui ne pense qu'à sa forme physique.

1ère personne: travaille trop, mange trop, boit des apéritifs, des digestifs, de la bière, fume, regarde la télé au lieu de faire de l'exercice

2e personne: jogge trois kilomètres par jour, nage à la piscine, va au club de gym, suit un régime alimentaire, jardine, se couche tôt, ne boit pas d'alcool, ne fume pas

Discussions orales ou écrites

1. Certaines personnes passent-elles trop de temps à s'occuper de leur corps, de leur forme physique au lieu de se cultiver l'esprit?

2. Les Américains ont-ils plus le souci de la forme que les Français? Pourquoi ou pourquoi pas?

3. Discutez certains points inattendus (*unexpected*) de la liste de conseils pour lutter contre la fatigue (3,5,7,11,13,14). Pouvez-vous ajouter des conseils?

Activités

1. Vous êtes un marchand de bicyclettes et vous présentez vos bicyclettes sur un campus: vous essayez de convaincre les étudiants des avantages de la bicyclette sur le jogging pour garder la forme. Par exemple:

avantages
la bicyclette: • économique
• ça ne fait pas mal aux jambes
• on peut aller plus loin

inconvénients
le jogging: • les voitures
• ça peut faire mal au dos ou aux jambes

2. Faites un sondage dans la classe pour savoir qui se sent en forme physique, qui a ou n'a pas le temps de pratiquer un sport, qui se soucie de diététique. Combien de personnes ont cessé de fumer ou n'ont jamais fumé? Qui ne boit pas d'alcool, ou peu?

3. Vous interviewez un groupe de personnes qui souffrent de stress causé par la vie moderne: métro, boulot, dodo et qui essaient de réduire ce stress. Chacun donne sa méthode pour mieux vivre et être en meilleure forme.

Les sports 3

Chantez «cocorico»!

Introduction

Lectures d'information

Capsules

Lectures de distraction

Introduction

Tous les sports sont pratiqués par les Français, mais plus souvent en amateurs qu'en professionnels. Les Français sont plus dilettantes en face du sport que vraiment désireux d'exceller et de gagner. Un Français qui joue au tennis s'amuse plus qu'il ne désire sincèrement être le meilleur. Il y a pourtant des exceptions: le ski est le sport le plus populaire en France, comme distraction et aussi comme sport de compétition. Les skieurs français sont souvent des champions. Le ski est très populaire sans doute parce que la France a tellement de montagnes et de champs de neige. *Dans les sports* d'équipe, *comme le foot[1] et le fameux Tour de France, les spectateurs deviennent fanatiques, chantent cocorico[2] si la France gagne et* portent le deuil *si elle perd.*

Il faut dire aussi que l'équipement sportif des écoles est souvent vieux, ce qui n'encourage pas les écoliers à s'entraîner. Les éducateurs français ont tendance à donner plus d'importance à l'étude qu'au sport, qui est considéré comme un jeu, une distraction.

field of snow
team
go into mourning

elementary school
    students / to practice

Lectures d'information

Les Français et le sport

Les Français sont moins sportifs que les Américains, c'est un fait reconnu. Les petits Français, comme tous les enfants, aiment aller à la *piscine*, jouer au foot dans la rue, faire de la *planche à roulettes* ou de la bicyclette. Dans les écoles, pourtant, les sports sont moins développés qu'aux Etats-Unis.

Quelles sont les raisons de cette différence entre les deux pays? D'abord l'équipement sportif dans les écoles n'est pas aussi moderne en France qu'aux Etats-Unis: les stades, les piscines sont moins nombreux, les bâtiments sont plus anciens. Ensuite, en France, on n'accorde pas de *bourse* scolaire aux étudiants qui ont des qualités sportives et qui risquent de gagner dans les compétitions interscolaires et de donner une bonne réputation à leur école. Enfin, par tradition, la performance intellectuelle, les bonnes notes et les *diplômes* sont plus importants en France que les activités sportives, qui sont sacrifiées. Les sports sont donc considérés plus comme une distraction que comme une source de satisfaction personnelle et de succès pour l'étudiant et son école.

pool
skateboard

scholarship

degrees

---

1. **Le foot = le football,** soccer in English.
2. **Chanter cocorico =** to sing cock-a-doodle-do, like the rooster, who is proud of being the boss in the poultry yard. The rooster is the animal emblem of France.

1

2

3

4

5

6

7

8

9

10

as
indoors / games

Beaucoup de Français aiment les sports mais *en tant que* spectateurs. On dit qu'ils pratiquent les sports *en chambre:* ils assistent à des *matches,* ils regardent les émissions sportives à la télé; ils s'enthousiasment pour le Tour de France cycliste, pour le Mondial;[3] ils lisent les nombreux journaux sportifs spécialisés comme «l'Equipe». Ils sont très chauvins et chantent «cocorico» à chaque victoire française.

QUESTIONS

1. Dans les écoles françaises, qu'est-ce qui est plus important que les activités sportives?   2. Comment beaucoup de Français pratiquent-ils les sports?   3. Comment est l'équipement sportif en France en comparaison avec les Etats-Unis?   4. Pour quels événements sportifs les Français s'enthousiasment-ils?   5. Qu'est-ce que c'est que le «Mondial»?

La planche à voile

windsurfing
sailing

hanggliding
balance

more in it than on it /
   windsurfers /
   enthusiastic / wetsuit
life-jacket / drowning
to surf / weaklings
to skid, slip

slides
jumps / takes off

La *planche à voile* est en train de devenir le sport le plus populaire de France. Plus populaire que la *voile?* Plus populaire que le ski? Oui, presque. Les journalistes parlent de «succès galopant». Il est vrai que ce sport procure à lui seul les sensations de plusieurs sports: le ski, la planche à roulettes, la voile, le surf, le *deltaplane.* La planche à voile ne demande pas tellement de force physique: il faut avoir le sens de l'*équilibre,* de la souplesse, de bons réflexes. Eh bien sûr, il est recommandé de savoir nager et d'aimer l'eau, car au début on est *plus souvent dedans que dessus.* Par temps frais, les *véliplanchistes enragés* portent une *combinaison isothermique,* et la plupart d'entre eux portent toujours, par précaution, la *brassière de sauvetage* (pour éviter la *noyade*). Tout le monde peut ainsi *plancher,* enfants, adultes, athlètes et *gringalets.* Mettez de vieilles baskets pour éviter de *déraper* et vous voilà parti.

Et comme le progrès ne s'arrête jamais, un sport nouveau est sur le point de détrôner la planche: c'est la ''fun board'' que l'on pratique à Hawaï et bientôt sur la côte atlantique. Alors qu'avec la planche on *glisse,* avec la fun board on attaque des vagues de trois à six mètres, on *saute,* on *décolle,* on surfe. On se demande quel nouveau sport on va inventer ensuite.

QUESTIONS   Indiquez si chaque phrase est vraie ou fausse. Si elle est fausse, corrigez-la.

1. La planche à voile est plus populaire que le ski.   2. Il faut avoir beaucoup de force physique pour faire de la planche à voile.   3. Au début on est plus souvent dans l'eau que dessus.   4. Il faut porter une combinaison isothermique quand il fait froid.   5. Une brassière de sauvetage est un sous-vêtement féminin.   6. On pratique la ''fun board'' sur toutes les côtes de France.

---

3. **Le Mondial** is an international soccer match that takes place every four years. It is also known as *la Coupe du Monde,* the World Cup.

Capsules

Le Tour de France

Chaque année en France, plus de cent cyclistes professionnels participent au plus grand événement sportif de l'année: le Tour de France. Il a lieu de la fin juin à la fin juillet et est divisé en *étapes:* chaque jour, les *concurrents* parcourent

day races / competitors

Le match France–Pologne au Mondial en 1982.

92 and 155 miles

entre *150 et 250 kilomètres* et tout le monde regarde à la télévision l'arrivée de l'étape. Le gagnant reçoit alors le maillot jaune.[4] Quand le Tour de France passe par une ville, les spectateurs, qui sont le long des routes, encouragent les concurrents et admirent la caravane publicitaire[5] qui suit le Tour.

A l'arrivée finale à Paris, une jolie fille embrasse le vainqueur et lui offre un bouquet de fleurs. Le gagnant reçoit aussi beaucoup d'argent et devient instantanément un héros national. On appelle le coureur qui arrive en dernier «la lanterne rouge».[6] Parmi les grands cyclistes Français de ces dernières années, il faut mentionner Louison Bobet, Jacques Anquetil, Raymond Poulidor et Bernard Hinault.

Le foot!

Le sport qui passionne le plus les Français est le foot! Il faut distinguer entre le football professionnel et le football que pratiquent tous les enfants dès qu'ils

---

4. **Le maillot jaune** is a yellow jersey given each day to the winner of that day's race.
5. **La caravane publicitaire** = a number of cars or trailers advertising certain products.
6. **La lanterne rouge** = ''the red lantern'', i.e., the one who brings up the rear.

savent marcher! La rue, un parc, une cour d'école peuvent devenir en quelques minutes un terrain de foot où un groupe de copains vient taper sur la balle et organiser un match.

Le sport professionnel est très suivi, très commenté, en particulier le lundi matin, où tout le monde parle des résultats des matches importants du dimanche. Chacun devient, comme aux Etats-Unis pour le ''baseball'', un spécialiste du sport. On *prédit*, avec assurance, qui va gagner la *Coupe* et le championnat.

predicts / the Cup

En 1982, la France a participé au Mondial en Espagne. Trente-deux nations ont pris part au tournoi final. La France a été obligée de se contenter de la troisième place: l'Allemagne l'a battue et c'est l'Italie qui a gagné la Coupe du Monde. Mais en 1984, la France *a remporté* la Coupe d'Europe à Paris et ensuite la médaille d'or aux Jeux Olympiques de Los Angeles.

won

Le ski

De tous les sports qu'on pratique en France, le ski est le plus populaire. Dans les familles françaises où on *a les moyens*, c'est une tradition d'aller passer une semaine au moins à la neige, à Noël, aux vacances de *Mardi-Gras*, ou à *Pâques*. Le ski est devenu populaire sans doute parce que la France est très riche en montagnes (les Alpes, le Massif Central, les Pyrénées) et parce que le développement des hôtels et des *stations* de ski a connu un *boum* pendant ces dernières années. La plupart des écoles organisent des vacances de neige: les enfants

can afford it
holiday in mid-February /
    Easter

resorts / increase

Perrine Pelen à Val d'Isère

vivent à la montagne pendant deux semaines; ils ont des classes normales le matin et font du ski l'après-midi.

Pendant longtemps la France a brillé dans des compétitions internationales. Souvenez-vous de Jean-Claude Killy qui a gagné trois médailles d'or aux Jeux Olympiques de Grenoble. Maintenant une femme, Perrine Pelen, continue à remporter des victoires en *descente*, en slalom géant ou spécial.

downhill

QUESTIONS   Complétez les phrases suivantes d'après les textes des Capsules.

1. Le plus grand événement sportif en France est...   2. Chaque jour les concurrents parcourent une distance de...   3. Le gagnant du Tour de France reçoit...   4. Le dernier de la course s'appelle...   5. Le sport qui passionne le plus les Français est...   6. Même... peuvent jouer au foot dès qu'ils savent marcher.   7. Au Mondial de 1982, la France a obtenu la... place.   8. Si on a les moyens, en France, on pratique le sport d'hiver suivant:...   9. Les Français vont faire du ski pour les vacances de...   10. Le ski est populaire en France parce que...   11. En France, on fait du ski sur ces montagnes:...

Lectures de distraction

Le Mondial

took place

J'étais en France pendant l'été 1982 quand le Mondial *a eu lieu* en Espagne. Tous mes amis, hommes, femmes, enfants, passaient leurs soirées et la plupart de leurs fins d'après-midi devant leur téléviseur à *suivre* les matches qui *se jouaient* à Barcelone.

to follow / were being played

suburb

Un soir, après le dîner, je me reposais avec une amie, moins fanatique, dans le jardin de sa maison de *banlieue*, près de Paris. Après une chaude journée, les jardins *embaumaient:* les roses, les jasmins *répandaient* leur parfum, des *rossignols* chantaient. Mais peu de personnes profitaient de cette soirée charmante: par les fenêtres ouvertes, mon amie et moi entendions le commentateur du match France-Allemagne qui était en train de se jouer: tous les occupants des maisons et des appartements étaient plantés devant leur télé et suivaient anxieusement les péripéties du match. Car il faut dire que même en sport, les vieilles rivalités entre la France et l'Allemagne ne sont jamais vraiment complètement *enterrées*, et renaissent à la moindre occasion. Bien sûr, on est sportif, on est "fairplay"; mais souvent, sur le terrain de sport, c'est l'honneur du pays qui est *en jeu*. Il y a là un point très délicat, subtil, pas *avoué* mais souvent tangible: on a oublié les guerres, les souffrances, les humiliations, mais à l'occasion d'un match, tout à coup, les vieilles querelles se réveillent.

were fragrant / gave out / nightingales

buried

put in question
admitted

Ce jour-là, le match était plutôt calme, sans incident. La voix du commentateur était monotone. Tout à coup, mon amie et moi avons *sursauté:* un *hurlement* sortait de toutes les fenêtres ouvertes: c'était un *cri de souffrance*, de protestation comme je n'en avais jamais entendu: un grand goal allemand avait attaqué et *assommé* un joueur français et l'*arbitre* n'avait rien dit. La France entière souffrait, et l'équilibre de cette belle soirée était détruit.

jumped

howl / a scream of pain

knocked out / referee

QUESTIONS

1. Où la plupart des Français passaient-ils leurs soirées pendant l'été de 1982? Pourquoi?   **2.** Comment était l'atmosphère dans le jardin de l'amie de la narratrice?   **3.** Qu'est-ce qui est souvent en jeu sur le terrain de sport? **4.** Comment était le jeu ce soir-là, et comment était la voix du commentateur?   **5.** Quel événement a provoqué le cri de souffrance de tous les spectateurs du match?   **6.** Quels sentiments est-ce que ce cri exprimait?

Une bonne partie de foot

Les aventures du Petit Nicolas, par Sempé, le dessinateur, et Goscinny, le narrateur, sont une des lectures favorites des Français. Les copains de Nicolas s'appellent Alceste, Geoffroy, Agnan, Eudes, Rufus, Clotaire, Joachim et Maixent. Ce sont des noms très anciens, utilisés au Moyen-Age, choisis ici pour leur effet comique.

J'étais dans le *terrain vague* avec les copains... Le terrain vague, il est *terrible*; il y a des *boîtes de conserve*, des pierres, des chats, des *bouts de bois* et une auto. Une auto qui n'a pas de *roues*, mais avec laquelle on *rigole* bien: on fait «vroum vroum», on joue à l'autobus, à l'avion; c'est formidable!

vacant lot / fantastic

cans / sticks of wood

wheels / (here) to have fun

Mais là, on n'était pas venus pour jouer avec l'auto. On était venus pour jouer au football. Alceste a un ballon et nous le prête à condition de faire le gardien de but, parce qu'il n'aime pas courir. Geoffroy, qui a un papa très riche, était venu habillé en footballeur, avec une chemise rouge, blanche et bleue, des *culottes* blanches avec une bande rouge, des grosses chaussettes, des *protège-tibias* et des chaussures terribles avec des *clous* en dessous. Et ce serait plutôt les autres qui auraient besoin de protège-tibias, parce que Geoffroy, comme dit le monsieur de la radio, c'est un joueur *rude*. Surtout à cause des chaussures.

but this time

shorts

leg shields

spikes

(here) rough

On avait décidé comment former l'équipe. Alceste serait goal, et comme *arrières* on aurait Eudes et Agnan. Avec Eudes, rien ne passe, parce qu'il est très fort et il fait peur; il est drôlement rude, lui aussi! Agnan, on l'a mis là pour qu'il ne *gêne* pas, et aussi parce qu'on n'ose pas le *bousculer* ni lui *taper dessus*: il a des lunettes et il pleure facilement. Les *demis*, ce sera Rufus, Clotaire et Joachim. Eux, ils doivent nous servir des balles à nous, les *avants*. Les avants, nous ne sommes que trois, parce qu'il n'y a pas assez de copains, mais nous sommes terribles: il y a Maixent, qui a de grandes jambes avec de gros genoux et qui court très vite; il y a moi qui *ai un shoot formidable*, bing!

fullbacks

to be in the way / to shove around / to hit

halfbacks

forwards

I can really kick

Et puis il y a Geoffroy avec ses chaussures. On était drôlement contents d'avoir formé l'équipe.

—On y va? On y va? a crié Maixent.

—Une passe! Une passe! a crié Joachim.

On rigolait bien, et puis Geoffroy a dit:

you guys! —Eh! *les gars!* contre qui on joue? Il faudrait une équipe adverse.

Et ça c'est vrai, il avait raison, Geoffroy: on a beau faire des passes[7] avec le ballon, si on n'a pas de but où l'envoyer, ce n'est pas drôle. Moi, j'ai proposé qu'on se sépare en deux équipes, mais Clotaire a dit: «Diviser l'équipe? Jamais!» Et puis, c'est comme quand on joue aux cow-boys, personne ne veut jouer les adversaires.

stupides Et puis sont arrivés ceux de l'autre école. Nous, on ne les aime pas, ceux de l'autre école: ils sont tous *bêtes.* Souvent, ils viennent dans le terrain vague, et puis on se bat, parce que nous on dit que le terrain vague est à nous, et eux ils

it causes troubles disent qu'il est à eux et *ça fait des histoires.* Mais là, on était plutôt contents de les voir.

—Eh! les gars, j'ai dit, vous voulez jouer au football avec nous? On a un ballon.

—Jouer avec vous? Nous faites pas rigoler![8] a dit un maigre avec des cheveux rouges...

—Et pourquoi ça te fait rigoler, imbécile? a demandé Rufus.

slap —C'est la *gifle* que je vais te donner qui va me faire rigoler! il a répondu celui[9] qui avait les cheveux rouges.

with teeth sticking out —Et puis d'abord, a dit un grand *avec des dents,* sortez d'ici, le terrain vague il est à nous!

Agnan voulait s'en aller, mais nous, on n'était pas d'accord.

—Non, monsieur, a dit Clotaire, le terrain vague il est à nous; mais ce qui se passe, c'est que vous avez peur de jouer au football avec nous. On a une équipe formidable!

very weak (pun on formidable) —*Fort minable!* a dit le grand avec des dents, et ils se sont tous mis à rigoler, et moi aussi, parce que c'était amusant; et puis Eudes a *donné un coup de poing*

punched in the nose *sur le nez* d'un petit qui ne disait rien. Mais comme le petit, c'était le frère du grand avec les dents, ça a fait des histoires.

—Recommence, pour voir, a dit le grand avec les dents à Eudes.

—T'es pas un peu fou? a demandé le petit, qui se tenait le nez, et Geoffroy a

kicked in the leg *donné un coup de pied* au maigre qui avait les cheveux rouges.

On s'est tous battus, sauf Agnan, qui pleurait et qui criait: «Mes lunettes!

neat, swell J'ai des lunettes!» C'était très *chouette…*

Extrait de *Les récrés du petit Nicolas* de Sempé-Goscinny

---

7. **On a beau faire des passes** = however hard one tries to pass.

8. **Nous faites pas rigoler** = Don't make us laugh. **Ne** is omitted, as is often done in familiar spoken French.

9. Note the repetition of subject and the incorrect word order, as is often done in familiar French.

QUESTIONS Choisissez la phrase qui complète le mieux chaque déclaration.

1. Le terrain vague des copains de Nicolas
   a. est grand et pratique pour jouer au football.
   b. est petit et plat.
   c. est rempli d'objets bizarres.

2. Les copains de Nicolas ne peuvent pas faire une partie de foot
   a. parce qu'Alceste ne veut pas prêter son ballon.
   b. parce qu'ils n'ont pas de costumes de footballeurs.
   c. parce qu'ils n'ont pas d'équipe adverse.

3. Les copains de Nicolas sont contents de voir arriver les garçons de l'autre école
   a. parce qu'ils ont enfin trouvé une équipe adverse.
   b. parce qu'ils ont trouvé un ballon.
   c. parce qu'ils ont envie de rigoler.

4. Nicolas dit «c'est chouette»
   a. parce que les enfants ont joué au football.
   b. parce qu'ils se sont battus.
   c. parce qu'Agnan a perdu ses lunettes.

5. C'est chouette veut dire
   a. c'est triste.
   b. c'est difficile
   c. c'est formidable.

Exercices de vocabulaire

A. Mettez le mot qui convient dans l'espace libre en choisissant un mot ou une expression de la liste suivante.

avoir lieu	s'entraîner	bourse scolaire
un match	l'équilibre	l'arbitre
une étape	station	la gifle
se noyer	se bousculer	les bonnes notes

1. Les joueurs de football doivent _____ tous les jours pendant au moins deux heures.
2. En France on ne reçoit pas de _____ pour jouer à un sport à l'université.
3. Quand on fait de la planche à voile ou du ski, il faut faire attention et garder _____ .
4. _____ a sifflé et pénalisé un joueur.

5. Si on tombe à l'eau en faisant de la planche, il est préférable de savoir nager, autrement on risque de ____ .

6. Le Mondial ____ tous les quatre ans dans un pays ou le foot est populaire.

7. Pour faire du ski, on se rend dans une des nombreuses ____ de sports d'hiver.

8. Chaque jour, les coureurs cyclistes du Tour de France doivent faire ____ .

B. Remplacez l'expression en italique par un synonyme.

1. Pour jouer au football, il faut avoir deux *groupes de joueurs*. («Le foot»)

2. Mon grand-père fait de la bicyclette *à l'intérieur de sa maison*. («Les Français et le sport»)

3. L'Italie *a remporté* la Coupe du Monde en 1982. («Le foot»)

4. Aucun coureur cycliste n'aime être *le dernier à l'arrivée*. («Le Tour de France»)

5. Mais *le gagnant du Tour de France* reçoit un bouquet et beaucoup de contrats! («Le Tour de France»)

6. Si *vous avez assez d'argent*, allez faire du ski dans les Alpes! («Le ski»)

7. *Les enfants des écoles* ont des vacances à Mardi-Gras et à Pâques. («Introduction»)

8. Ce jeune homme fait beaucoup de planche à voile; c'est un planchiste *enthousiaste*. («La planche à voile»)

C. Quel sport pratiquent les personnes suivantes? Décrivez leurs costumes et dites où et avec quoi ils pratiquent ce sport.

1.   2.   3.

4.   5.   6.

A votre tour

1. Quel sport pratiquez-vous? Où et quand? Quelles satisfactions en retirez-vous? Quel équipement est nécessaire pour ce sport? Est-ce que ce sport coûte cher? Quels sont les dangers de ce sport? Quelles parties du corps ce sport développe-t-il?
2. Préférez-vous les sports d'équipe ou les sports individuels? Pourquoi?
3. Si vous ne pratiquez aucun sport, regardez-vous les émissions sportives et les rencontres sportives à la télévision? Lesquelles? Sinon, pourquoi pas?
4. Quelles qualités physiques et morales est-ce que les sports développent, à votre avis?

Interviews

1. Vous interviewez un(e) champion(ne) de ski et vous lui posez des questions sur sa préparation, son entraînement, son régime, ses projets. Par exemple: Qu'est-ce que vous mangez pour le petit déjeuner? Combien d'heures par jour vous entraînez-vous?
2. Au cours des Olympiques, un journaliste français et un journaliste américain déjeunent ensemble et comparent les sports favoris des Français et des Américains. Par exemple: Le baseball ne se joue pas en France. Aux Etats-Unis on joue au football américain et au foot. En France on joue au foot.
   Voici une liste des sports favoris des deux pays.

Américains	*Français*
le football	le foot
le baseball	le ski
le basketball	la bicyclette
la planche à voile	la planche à voile
le hockey sur glace	le rugby
le golf	le tennis
le tennis	

3. Vous êtes l'entraîneur d'une grande championne de tennis. Quels conseils lui donnez-vous avant un match important? Quels commentaires lui faites-vous si elle gagne ou si elle perd?

Conseils
- Ne fume pas.
- Ne bois pas d'alcool ni de café.
- Ne mange pas trop.
- Repose-toi.
- Ne sois pas nerveuse.
- Couche-toi de bonne heure.
- Respecte les décisions des juges et ne les insulte pas.

Commentaires si elle gagne
- Bravo!
- Tu as bien fait de m'écouter.

Commentaires si elle perd
- Tu feras mieux la prochaine fois.
- Il faut persévérer.

Discussions orales ou écrites

1. A votre avis, qui est plus sportif, les Américains ou les Français? Pourquoi? Encourage-t-on les enfants au sport de la même façon dans les deux pays?
2. Est-ce qu'il y a trop de violence dans les sports en général? Faudrait-il avoir plus de règles contre cette violence?
3. Ne pas faire de sport du tout, c'est se fermer la porte à des plaisirs certains, et aussi ne pas prendre bien soin de son corps; d'un autre côté, les grands sportifs, qui consacrent trop de temps à leur entraînement, ont-ils assez de temps pour se cultiver, ou s'intéresser à autre chose? Discutez les deux extrêmes et proposez une solution de compromis.

Activités

1. Vous êtes le commentateur d'un match de foot qui vient de se terminer par la défaite de la France. Faites un rapport chauviniste sur le match. Par exemple:

L'arbitre n'a pas été juste:
- Les Français sont meilleurs mais leurs adversaires étaient trop violents.
- Les Français n'ont pas eu de chance.
- Les spectateurs étaient chauvinistes.
- Le mauvais temps a gêné notre équipe. (etc.)

2. Est-il justifié que des athlètes reçoivent des sommes d'argent importantes pour leurs efforts? Organisez un débat avec vos camarades sur ce sujet.

Pour
- Le public représente des millions de gens. Alors il est normal que les athlètes soient bien payés.
- L'entraînement est très dur.
- La sélection est féroce.
- Certains sports sont dangereux.

Contre
- Le sport ne devrait pas être lié à l'argent.
- L'effort devrait être gratuit.
- La satisfaction personnelle compte surtout.
- Le plaisir de gagner est une récompense suffisante.

3. Un professeur d'éducation physique dans une high school américaine, de retour de France, explique à l'Association des parents d'élèves pourquoi il est nécessaire d'encourager leurs enfants à faire du sport et pourquoi ils ont de la chance de vivre aux Etats-Unis. Jouez le rôle du professeur et développez le thème «Mens sana in corpore sano» *(a healthy mind in a healthy body)*.

- L'esprit d'équipe est important.
- La santé vient du sport.
- Ils ont de la chance de vivre aux Etats-Unis: il y a beaucoup de facilités dans ce pays; en France il y en a moins.

Les loisirs 4

Qu'est-ce qu'on fait dimanche?

Introduction

spare time

at home / video cassette
  recorder

Que font les Français pour occuper leurs loisirs? Comme dans beaucoup de familles américaines, la télévision est l'instrument qui occupe leur temps libre et leur procure des loisirs à domicile. Les Français sont devenus des fanatiques du magnétoscope, et les jeux radio-télévisés sont beaucoup plus développés en France qu'en Amérique.

shows

En dehors de cet appareil démoniaque, ils ont à leur disposition d'autres distractions. Dans les grandes villes, il y a le théâtre, l'opéra, les spectacles de ballet, ou de variétés (chanteurs, comédiens) et le cirque. On trouve aussi des discos dans toutes les villes. Les Français aiment aussi aller voir des expositions de peinture, des musées, ou visiter un château, une abbaye.

fairs

merry-go-rounds /
  shooting galleries /
  bumper cars
outdoors

A la campagne, il y a les foires qui attirent surtout les jeunes gens par leurs manèges, les stands de tir, les autos tamponneuses, la musique, la foule et le bruit. Beaucoup de Français aiment passer le dimanche en plein air, chez des amis ou en famille: on fait alors un barbecue ou un pique-nique, on joue à la pétanque,[1] au foot, ou aux cartes. Et on n'oublie pas de regarder à la télé les résultats du Tiercé.[2]

Lectures d'information

Les jeux radio-télévisés

heart is trump / leave
  with what you have or
  double your bet

«Atout cœur», «Quitte ou Double», «Des Chiffres et des lettres», «La Course autour du monde»: ce sont des titres de jeux radio-télévisés. Chaque semaine, la télévision française consacre neuf cents minutes aux jeux: plus de deux heures par jour. C'est à l'heure de l'apéritif qu'on nous invite à jouer. La radio va plus loin: les jeux sont placés au milieu des programmes et il faut rester

to listen

longtemps à l'écoute si on veut connaître la solution et savoir si on a gagné. «Combien de chapeaux avait Napoléon?» Si vous devinez le nombre exact,

select

vous pourrez faire fortune. «Racontez-nous votre rêve secret. Si nous retenons votre lettre, nous vous inviterons à jouer avec nous, et si vous répondez à toutes nos questions, nous vous offrirons votre rêve.»

movie star

Certains téléspectateurs racontent alors leurs rêves de voyage, de maison. D'autres demandent à rencontrer une vedette de cinéma ou un personnage célèbre. Une jeune fille a réussi à passer une journée avec Steven Spielberg, le

Raiders of the Lost Ark

réalisateur des «Aventuriers de l'arche perdue». Une mère de famille qui voulait

---

1. **La pétanque** is a bowling game that is very popular in France.
2. **Le Tiercé:** See p. 50.

Le temps des héros.

Une seconde merveilleuse ou un long moment de bonheur,
le bon temps bat au rythme de Jaz.

MGD communication

JAZ
le bon temps

350 modèles de 250 à 900 F chez votre Horloger-Bijoutier.

fishing rod

contestants

to make lively

computers / channels

simplement passer huit jours dans une île déserte avec une *canne à pêche*, n'a pas su, hélas, répondre à la dernière question.

Certains *joueurs* deviennent des professionnels du jeu et passent de l'un à l'autre avec facilité. Deux jeunes professeurs de gymnastique, Alain et Elisabeth, ont gagné successivement un week-end à Venise et la somme de 17.500 francs. Ils sont jeunes, sympathiques, et savent *animer* une émission.

Il y a maintenant de vrais spécialistes qui fabriquent les jeux, les étudient avec des *ordinateurs* et les vendent aux différentes *chaînes* de radio ou de télévision. C'est une véritable industrie!

QUESTIONS

1. Combien d'heures par semaine la télévision française consacre-t-elle aux jeux?   2. Qu'est-ce qu'une jeune fille a réussi à gagner à un jeu radio-télévisé?   3. Quel était le rêve secret d'une mère de famille?   4. Qu'est-ce que deux jeunes professeurs de gymnastique ont gagné?   5. Avec quoi est-ce que les vrais spécialistes fabriquent les jeux?

Le Loto et le Tiercé

to maintain

to choose
la chance

bet

a race

Tout le monde rêve de gagner beaucoup d'argent! Et dans de nombreux pays, le gouvernement aide à *entretenir* ce rêve. Aux Etats-Unis nous avons Las Vegas, et en France il y a le Loto et le Tiercé. Avec le Loto il faut avoir beaucoup de chance et de la chance seulement. Avec huit francs (un dollar environ), vous aurez le droit de *sélectionner* six numéros. Si les six numéros choisis sont ceux que le *hasard* détermine, vous deviendrez instantanément millionnaire! Bien sûr, chaque semaine, des millions de Français sont attirés par cette possibilité et n'hésitent pas à investir la modeste somme de huit francs, espérant que la chance viendra frapper à leur porte.

Une autre façon de devenir riche est de jouer au Tiercé, où on *parie* sur les chevaux. Il suffit simplement de prédire quels seront les trois premiers chevaux à l'arrivée d'une *course* déterminée dans l'ordre (vous gagnerez alors beaucoup d'argent) ou dans le désordre (vous en gagnerez moins). Des millions de Français pensent être spécialistes et discutent des chances de chaque cheval. Mais bien sûr, beaucoup jouent et peu gagnent!

QUESTIONS   Terminez les phrases suivantes avec les renseignements contenus dans le texte que vous venez de lire.

1. Tout le monde rêve de gagner beaucoup...   2. Dans beaucoup de pays, c'est le gouvernement qui...   3. Pour gagner au Loto, il faut avoir de la...
4. Le Tiercé consiste à sélectionner l'ordre des...   5. Si vous choisissez dans le désordre, vous gagnerez...

La paresse

Et si la distraction suprême, c'était de «ne rien faire»? L'équilibre loisirs-travail semble être une préoccupation essentielle de la société française actuelle. La revue mensuelle «Marie-France» de janvier consacre un article à la *paresse*, qui n'est plus, paraît-il, un *péché*, mais une vertu. D'après un *sondage* demandé par le magazine, 43% des personnes interrogées déclarent qu'elles sont allergiques au travail. Les «*fous du boulot*» ne sont plus que 35%. Le rêve d'une majorité de Français serait de «travailler deux fois moins» plutôt que de «gagner deux fois plus».

On ne recherche plus, pour occuper ses loisirs, des distractions compliquées, des évasions dans le jeu, dans les activités sociales, mais des petits

laziness / sin / poll

"workaholic"

to stay in bed late

snack

kid / bonus

doing nothing

paid vacation

bonheurs qui ne coûtent rien. «*Faire la grasse matinée* en milieu de semaine» est le numéro 1 des activités de loisirs; «prendre un petit *goûter* avec son *gosse*», dit une jeune femme qui renonce à 15% de son salaire et à une *prime*, pour rester chez elle le mercredi, jour de congé scolaire, et le passer avec son enfant.

La tendance au *farniente* existe surtout chez les jeunes de moins de trente-quatre ans: réussir n'est plus le but de tous les efforts; on note chez eux un refus passionné de l'esprit de carrière.

Le gouvernement socialiste a pris des mesures qui aident les Français à multiplier les occasions de ne pas travailler, donc de trouver des loisirs, ou tout simplement de ne rien faire:

• Les salariés reçoivent une cinquième semaine de *congés payés*.
• La semaine de travail est de trente-neuf heures au lieu de quarante.
• L'âge de la retraite est avancé à soixante ans, avec des possibilités de pré-retraite plus tôt.

- Dans beaucoup d'entreprises, on favorise l'idée «d'horaires libres»: les employés choisissent leurs horaires et viennent travailler quand ils veulent.
- L'année sabbatique, inconnue en France pendant longtemps, sera discutée par l'Assemblée nationale.

La paresse, d'ailleurs, a un illustre défenseur, le philosophe Teilhard de Chardin, qui affirmait qu'après la messe de sept heures, il retournait se coucher pour faire la grasse matinée. «Ma puissance de réflexion double dès que je suis *allongé*».

> lying down

Un autre homme célèbre, Trotsky, avait dit: «La paresse est source de progrès humain.»

Adapté d'un article de Marcelle Viale Barosi, dans *le Journal Français d'Amérique*

QUESTIONS Choisissez la réponse correcte pour chaque déclaration.

1. Combien de personnes sont allergiques au travail?
   a. 42%
   b. 35%
   c. 15%

2. Pour occuper leurs loisirs, la majorité des personnes recherchent
   a. des distractions compliquées.
   b. des évasions dans le jeu.
   c. des petits bonheurs qui ne coûtent rien.

3. Le but de tous les efforts des jeunes est de
   a. réussir.
   b. avoir une carrière.
   c. avoir des loisirs.

4. En France, les salariés ont combien de semaines de congés payés par an?
   a. deux semaines
   b. quatre semaines
   c. cinq semaines

5. En France, l'âge de la retraite a été avancé à
   a. 60 ans.
   b. 65 ans.
   c. 55 ans.

6. Avec l'horaire libre,
   a. on choisit son horaire et on vient travailler quand on veut.
   b. on est libre tous les mercredis après-midi.
   c. on a l'année sabbatique.

Capsules

Les jeux de société

small screen (television)
breaks down / strike / deprives

Que faisait-on en France pour se distraire et occuper ses loisirs quand il n'y avait pas la télé? Le *«petit écran»* a pris tellement d'importance dans les familles qu'on ne sait plus quoi faire quand il *se détraque*, ou quand une *grève prive* les téléspectateurs de leur programme favori.

definite

working class
popular French card game / workers
retired persons / to play a game
card game
future
war
solitaire

Autrefois, les jeux de société occupaient une place de choix dans la vie familiale et sociale. On se réunissait pour jouer aux charades ou aux cartes. Les charades ont pratiquement disparu, et les cartes restent une activité pour des clubs ou des groupes de gens, avec une *nette* orientation de certains jeux pour des classes sociales bien définies. Le bridge et le poker sont pratiqués par les étudiants et la classe bourgeoise. Dans les *milieux populaires*, on préfere la *belote*, jeu typiquement français. Les *ouvriers* après une journée de travail, les *retraités* pour passer le temps se retrouvent souvent au café pour *«se taper une partie»*. Dans l'est de la France, en Lorraine, on joue au *tarot*: ces cartes aux figures mystérieuses sont connues aux Etats-Unis pour lire votre *avenir*, mais en France, c'est un jeu de cartes. Tous les enfants aiment jouer à la *bataille*, et quand on n'a pas de partenaire, on se fait une *patience* (ou une *réussite*).

backgammon / very popular
chess / checkers
old-fashioned
parlor games

cleverness

Pour les jeux de cartes, comme pour les autres jeux de société, il y a des modes: la canasta a connu de beaux jours dans les années 50; le *jacquet* est *en pleine vogue*, les *échecs* et les *dames* sont toujours favoris, le mah-jong est un peu *désuet*.

Alors que la télé isole souvent les spectateurs, surtout les enfants, les *jeux de société* ont l'avantage de forcer les gens à se parler, à plaisanter, à rivaliser de finesse et *d'astuce*.

Le magnétoscope et les jeux vidéo

to move
hooked / stereo

La vie moderne est très nettement placée sous le signe du vidéo et de l'audio. On ne sait plus se distraire si on ne voit pas quelque chose *s'agiter* devant soi, ou si on n'est pas *branché* sur une *chaîne* ou un balladeur.[3] Il n'y a pas très longtemps, le cinéma était la distraction préférée des familles: on y allait au moins une fois par semaine, le samedi soir ou le dimanche en matinée. Dans

---

3. **Balladeur** is the French name for "walkman," but most French people prefer to use the English word.

les petites salles *de quartier*, le programme comprenait les *actualités* et le *docu*, un *dessin animé* et le grand film après l'*entr'acte*; pendant l'entr'acte, les enfants—et souvent les adultes—*guettaient* les *ouvreuses* avec leurs *corbeilles* chargées *d'esquimaux*, de bonbons à la menthe et de caramels. Maintenant, les salles de cinéma ne *font plus de bonnes affaires*, et souvent il y a deux films, un entr'acte très court et pas de vendeuses de bonbons, mais des prix réduits à certaines heures et à certains jours pour attirer les spectateurs. Une des raisons pour lesquelles le cinéma n'est plus en vogue est que l'invention du magnétoscope permet à toute une famille de voir à la maison un film loué pour beaucoup moins cher que la séance de cinéma. On peut aussi *enregistrer* un programme et le repasser plusieurs fois.

 Quant aux jeux vidéo, c'est une mode qui *fait fureur* parmi les jeunes. Les minijeux vidéo électroniques, ces objets ultraminces, tiennent dans une poche ou sont intégrés dans une montre bracelet ou dans un *porte-clés*. Ils peuvent aussi servir de *montre*, de calendrier, de *réveil-matin* et de chronomètre. Sur l'écran défilent des *saynètes* qui sont de véritables *bandes dessinées* en couleur: on joue au tennis avec le chien Snoopy, on délivre des parachutistes tombés dans un océan plein de *requins*, etc. Et merveille des merveilles! On peut couper le son, et alors, si on *s'embête* en classe, on peut jouer *en cachette* du professeur, derrière *son pupitre!*

local / news / short subject / animated cartoon
intermission
were watching for / usherettes / baskets
ice-cream sandwiches
don't do too well

to record

as for / is very popular

key chain
watch / alarm clock
skits / cartoons

sharks
s'ennuie (fam.) / in hiding
desk

QUESTIONS

1. Avant l'arrivée de la télévision, que faisaient les Français pour occuper leurs loisirs? **2.** A quels jeux de cartes jouent les étudiants et les bourgeois? **3.** A quel jeu de cartes jouent les gens des milieux populaires? **4.** Dans quel lieu public joue-t-on plus souvent à la belote? **5.** A quel jeu de cartes peut-on jouer quand on est seul?   **6.** Qu'est-ce que le walkman permet à son auditeur de faire?   **7.** Que portent les ouvreuses de cinéma dans leurs corbeilles à l'entr'acte?   **8.** Quelle partie du spectacle les enfants préfèrent-ils au cinéma, généralement?   **9.** Quels sont les avantages d'un minijeu vidéo électronique?

Lecture de distraction

Une partie d'échecs

Voici un autre récit du petit Nicolas.

Dimanche, il faisait froid et il pleuvait, mais moi ça ne me gênait pas, parce que j'étais invité à goûter chez Alceste...

(Après le goûter) on s'est levés pour aller jouer...

marbles

—On va jouer au train, aux petites autos, *aux billes* et avec le ballon de foot, a dit Alceste.

mess

—Non, non, et non! a dit la maman d'Alceste. Je ne veux pas que ta chambre soit un *fouillis*. Trouvez des jeux plus calmes!

meet

—Ben quoi, alors? a demandé Alceste—Moi j'ai une idée, a dit le papa d'Alceste. Je vais vous apprendre le jeu le plus intelligent qui soit! Allez dans votre chambre, je vous *rejoins*.

Alors, nous sommes allés dans la chambre d'Alceste... et puis son papa est arrivé avec un jeu d'échecs sous le bras.

—Des échecs? a dit Alceste. Mais on ne sait pas y jouer!

—Justement, a dit le papa d'Alceste, je vais vous apprendre; vous verrez, c'est formidable!

chessboard / pawns
bishops

Et c'est vrai que c'est très intéressant, les échecs! Le papa d'Alceste nous a montré comment on range les pièces sur le *damier*... il nous a montré les *pions*, les tours, les *fous*, les chevaux, le roi et la reine, il nous a dit comment il fallait faire pour prendre les pièces de l'ennemi.

—C'est comme une bataille avec deux armées, a dit le papa d'Alceste, et vous êtes les généraux.

fists

Et puis le papa d'Alceste a pris un pion dans chaque main, il a fermé les *poings*, il m'a donné à choisir, j'ai eu les blanches et on s'est mis à jouer. Le papa d'Alceste, qui est très chouette, est resté avec nous pour nous donner des

advice / laughing

conseils et nous dire quand on se trompait. Et puis il a bougé un fou et il a dit *en rigolant* que j'avais perdu.

—Bon, a dit le papa d'Alceste, je crois que vous avez compris. Alors, maintenant, Nicolas va prendre les noires et vous allez jouer tout seuls. Et il est parti...

—La bataille commence, a dit Alceste. En avant! Boum!

Et il a avancé un pion. Alors moi j'ai fait avancer mon cheval, et le cheval, c'est le plus difficile à faire marcher, parce qu'il va tout droit et puis après il va *de côté*, mais c'est aussi le plus chouette, parce qu'il peut sauter.   sideways

—Lancelot n'a pas peur des ennemis! J'ai crié.

—En avant! Vroum boum boum, vroum boum! a répondu Alceste en faisant le *tambour* et en poussant plusieurs pions avec le dos de la main.   drum

—Hé, j'ai dit. T'as pas le droit de faire ça!

—Défends-toi comme tu peux, *canaille*! a crié Alceste...   rascal

Alors avec les deux mains, j'ai poussé mes pions aussi, en faisant le canon et la *mitrailleuse*, ratatatat, et quand mes pions ont rencontré ceux d'Alceste, il y en a un *tas* qui sont tombés.   machine gun / a lot

—Minute, m'a dit Alceste, *ça vaut pas*, ça! Tu as fait la mitrailleuse, et dans ce temps-là il n'y en avait pas. C'est seulement le canon, boum! ou les épées, tchaf, tchaf! Si c'est pour *tricher*, c'est pas la peine de jouer.   it's unfair / to cheat

Comme il avait raison, Alceste, je lui ai dit d'accord, et nous avons continué à jouer aux échecs. J'ai avancé mon fou, mais j'ai eu *du mal*, à cause de tous les pions qui étaient tombés sur le damier, et Alceste avec son doigt, comme pour jouer aux billes, bing! il a envoyé mon fou contre mon cheval, qui est tombé. Alors moi j'ai fait la même chose avec ma tour, que j'ai envoyée contre sa reine.   *de la difficulté*

—Ça vaut pas, m'a dit Alceste. La tour, ça avance tout droit, et toi tu l'as envoyée de côté, comme un fou!

—Victoire, j'ai crié. Nous les tenons! En avant, braves *chevaliers*! Pour le roi Arthur! Boum! Boum!   knights

Et avec les doigts, j'ai envoyé des tas de pièces; c'était terrible.

—Attends, m'a dit Alceste. Avec les doigts, c'est trop facile; si on faisait ça avec des billes? Les billes, ça serait des *balles*, boum, boum!   bullets

—Oui, j'ai dit, mais on n'aura pas de place sur le damier.

—Ben, c'est bien simple, a dit Alceste. Toi, tu vas te mettre d'un côté de la chambre et moi je me mettrai à l'autre bout. Et puis ça vaut de cacher les pièces derrière les pattes du lit, de la chaise et du *pupitre*.   desk

Et puis Alceste est allé chercher les billes dans son armoire. On a commencé à envoyer les billes en faisant «boum!» chaque fois, et comme nos pièces étaient bien cachées, c'était difficile de les avoir.

—Dis donc, j'ai dit, si on prenait les *wagons* de ton train et les petites autos pour faire les tanks?   cars

Alceste a sorti le train et les autos de l'armoire, on a mis les soldats dedans et on a fait avancer les tanks, vroum, vroum.

—Mais, a dit Alceste, on arrivera jamais à toucher les soldats avec les billes, s'ils sont dans les tanks.

—On peut les bombarder, j'ai dit.

Alors on a fait les avions avec les mains pleines de billes, on faisait vroum, et puis quand on passait au-dessus des tanks, on lâchait les billes, boum! Mais les billes, ça ne leur faisait rien, aux wagons et aux autos; alors Alceste est allé chercher son ballon de foot et il m'a donné un autre ballon, rouge et bleu... et on a commencé à jeter nos ballons contre les tanks et c'était formidable! Et puis Alceste a shooté trop fort, et le ballon de foot est allé frapper contre la porte, il est revenu sur le pupitre où il a fait tomber la bouteille d'encre, et la maman d'Alceste est entrée.

mad

Elle était drôlement *fâchée,* la maman d'Alceste...

vacant lot

C'est dommage qu'on n'ait pas pu continuer, parce que c'est très chouette le jeu d'échecs! Dès qu'il fera beau, nous irons y jouer dans le *terrain vague.*

Extrait de *Le Petit Nicolas et les copains*, de Sempé-Goscinny

QUESTIONS   Pour chaque déclaration, choisissez dans les listes qui suivent les réponses qui sont justes.

1. Le père d'Alceste reste avec les enfants pour leur dire qu'ils se trompent; puis il dit à Nicolas en rigolant qu'il a perdu. Il est...

a. intelligent   d. compréhensif   g. infantile
b. généreux   e. sadique   h. patient
c. protecteur   f. méchant

2. La maman d'Alceste dit: «Je ne veux pas que ta chambre soit un fouillis.» Elle est...

a. ordonnée   d. négligente   f. fatiguée
b. paresseuse   e. maniaque de
c. tyrannique   l'ordre

3. Pour jouer aux échecs, il faut:

a. un damier   g. une grande   k. des pions
b. des fous   chambre   l. un roi
c. des mitrailleuses   h. des tours   m. des chevaux
d. un encrier   i. un canon   n. des épées
e. une reine   j. des billes   o. des tanks
f. un tambour

4. La maman d'Alceste est fâchée parce que les enfants...

a. ont triché en jouant.   d. ont mis la chambre en
b. ont fait du bruit.   désordre.
c. ont écrit sur les murs.

5. Pour les enfants le jeu d'échecs est devenu...

a. un jeu calme.   c. un jeu intellectuel.   e. une façon
b. un jeu inventif.   d. une occasion de se   d'exprimer
                          battre.   leur frustration.

Exercices de vocabulaire

A. Complétez les phrases suivantes avec **se passer de** ou **passer son temps à**.

MODÈLES: *Je me passe de vacances.*
Je passe mon temps à dormir.

1. Il a décidé de ne plus fumer; il _____ très bien _____ cigarettes.
2. Ma cousine a toujours faim: elle _____ manger.
3. Je suis triste quand tu n'es pas avec moi: je ne peux pas _____ toi.
4. Les Français adorent les jeux télévisés: ils _____ regarder la télé.
5. Ce retraité s'embête: il va au café et _____ jouer à la belote.

B. Répétez les phrases suivantes avec un synonyme à la place des mots en italique.

1. Il n'y a pas de programme intéressant ce soir *sur le petit écran*. («Les jeux de société»)
2. Quand mon téléviseur *arrête de fonctionner*, je suis perdu. («Les jeux de société»)
3. Les jeux vidéo *sont en pleine vogue* parmi les jeunes. («Le magnétoscope...»)
4. Arrêtez de *bouger*! Je ne peux pas me concentrer. («Le magnétoscope...»)
5. Il passe son temps enfermé dans sa chambre au lieu de faire de l'exercice *à l'extérieur*. («Introduction»)
6. Oui, Madame, nous pouvons vous livrer ces produits *à la maison*. («Introduction»)
7. Quand mon oncle a gagné à la loterie, il *a investi* son argent dans des maisons. («Les jeux radio-télévisés»)
8. Qu'est-ce qui fait gagner au Tiercé? *La chance*. («Le Loto et le Tiercé»)
9. Cet enfant a *de la difficulté* dans ses études. («Une partie d'échecs»)
10. *Choisissez* un cheval dans le bon ordre d'arrivée. («Le Loto et le Tiercé»)

C. Mettez un des mots de la liste suivante dans les phrases.

rester à l'écoute	en cachette	s'embêter
faire la grasse	la foire	les sondages
matinée	un goûter	un spectacle de
les ouvriers	les retraités	variétés

1. Si vous voulez savoir le résultat du jeu radio-télévisé, _____!
2. Les écoliers jouent à leurs jeux vidéo derrière leur pupitre, _____.
3. Des chanteurs, des comédiens, des raconteurs d'histoires forment _____.
4. Si vous aimez le bruit, la foule, les autos tamponneuses, allez à _____!
5. Comme c'est bon, le dimanche, de ne pas avoir à aller travailler et de _____!

6. D'après _____, les enfants passent trop de temps à jouer à des jeux vidéo.

7. Après l'école et avant le dîner, on prend souvent _____ pour apaiser l'appétit.

8. Les gens qui s'arrêtent de travailler quand ils sont vieux s'appellent _____.

A votre tour

1. Que faites-vous pour occuper vos loisirs (par exemple: les foires, les jeux vidéo, les barbecues, les visites de musée)? Que font les membres de votre famille ou les personnes proches de vous?

2. Etes-vous paresseux(-se)? Décrivez vos pensées et vos sensations pendant un moment de paresse.

3. Quel est votre jeu de société préféré (par exemple: le monopoly, la charade, les jeux de cartes)? Pourquoi aimez-vous ce jeu?

4. Etes-vous bon joueur ou mauvais joueur? Vous mettez-vous en colère quand vous perdez ou riez-vous?

Discussions orales ou écrites

1. Voyez-vous une différence entre la façon dont les Français et les Américains occupent leurs loisirs? Faites des comparaisons et donnez votre opinion sur certaines ressemblances et sur les différentes façons de s'amuser dans les deux pays.

2. Que pensez-vous des jeux violents comme «la guerre, les cow-boys et les Indiens, les gendarmes et les voleurs», auxquels beaucoup d'enfants aiment jouer. Croyez-vous comme on le dit que cela les «défoule» ou que ces jeux encouragent leur agressivité?

3. On dit que les jeux vidéo isolent les gens et les enferment dans un monde à eux. Qu'en pensez-vous?

4. Préférez-vous aller au cinéma ou voir un film vidéo chez vous? Quels sont les avantages et les désavantages des deux situations?

Activités

1. Comment vos amis et les autres étudiants de la classe passent-ils leur temps de loisir? Faites une enquête et établissez des statistiques.

télé	dormir ou rêver	cinéma
lecture	jeux vidéo	cartes
musique	sports	autre loisir

2. Vous êtes chargé d'organiser les loisirs de personnes différentes. Etablissez leur programme.

un groupe d'ouvriers d'usine
un groupe de retraités
des étudiants français venus faire un voyage aux Etats-Unis
des enfants très nerveux et agressifs
des personnes immobilisées dans un hôpital
des «nouveaux riches»

3. Imaginez qu'après avoir gagné à la loterie, vous puissiez passer le reste de votre vie à faire uniquement ce que vous voulez. Choisissez dans la liste suivante les loisirs qui vous intéressent le plus. Votre fortune vous permet d'offrir à vos amis un cours sur leur occupation préférée. Demandez à quelques camarades de classe ce qu'ils aimeraient faire. Cette liste n'est évidemment pas complète; elle a été établie à partir d'une liste de cours possibles pour des habitants de la région parisienne.

aérobic *m.*

art floral *m.*

astrologie *f.*

apiculture *(bee-keeping) f.*

bande dessinée *f.*

chant *m.* ou chorale *f.* *(choir)*

cinéma *m.*

cirque *m.*

couture *f.*

cuisine *f.*

danse *f.*

dentelle *(lace) f.*

dessin *m.*

échecs *m. pl.*

écriture *(penmanship) f.*

encadrement *(framing) m.*

expression corporelle *f.*

gravure *(engraving) f.*

guitare *f.*

gymnastique *f.*

herborisation *f.*

informatique *f.*

jazz *m.*

langues étrangères *f. pl.*

magie *f.*

peinture *f.*

peinture sur tissu *f.*

percussions *(drums) m. pl.*

philatélie *f.*

photo *f.*

piano *m.*

poésie *f.*

poterie *f.*

radio *f.*

reliure *(book binding) f.*

sculpture *f.*

sérigraphie *(silk screen printing) f.*

tapisserie *f.*

théâtre *m.*

tissage *(weaving) m.*

typographie *f.*

vannerie *(basket weaving) f.*

vidéo *m.*

yoga *m.*

Coup d'œil sur le monde francophone

A Tahiti, il est possible d'occuper ses loisirs en plein air, en moto de préférence!

Les vacances 5

A la recherche du soleil

Introduction

Lectures d'information
Où les Français vont-ils en vacances?
Choix d'une station

Capsules
L'échangisme
Les Aoûtiens

Lectures de distraction
Un gendarme perplexe
Des vacances bien reposantes

Introduction

Heureux Français! Ils ont cinq semaines de vacances payées par an et ils peuvent les prendre en plusieurs fois. Beaucoup d'entre eux vont faire du ski en hiver; d'autres partent à la recherche du soleil dans un pays exotique. En été, c'est le soleil et la mer que presque tout le monde veut avoir: bronzer *les pieds dans l'eau, c'est le rêve de tous les Français. C'est pour cette raison que les* rivages *où le soleil brille sont équipés d'hôtels et d'attractions touristiques. Les* stations *se développent en fonction de sondages d'opinion très stricts. Les agences offrent des* forfaits*, des séjours en hôtel «tout compris», des appartements où plusieurs familles s'entassent. D'autres installent leur* caravane *ou leur tente sur un terrain de camping. Les formules sont nombreuses, mais la condition essentielle, c'est qu'il y ait du soleil!*

Les Français aiment voyager à l'étranger *et les motivations des voyageurs sont multiples:* farniente *au bord d'une plage pour les paresseux,* descente d'un torrent *ou* trekking *pour les sportifs, et visites de ruines et de monuments anciens pour les curieux de culture.*

to tan
shores
resorts
package deals
pile up
trailer

abroad
doing nothing / going down
hiking

Lectures d'information

Où les Français vont-ils en vacances?

opinion polls

small size

popular / star

equipped / at great expense

wild, untouched

unknown by the public

spots / coastline

Les *sondages* montrent que la moitié des Français vont en vacances à la mer. Ils veulent voir de l'eau et bronzer au soleil. Pendant longtemps la côte varoise a été la plus populaire, malgré la *petitessse* des plages et la surpopulation où il y a cinq personnes au mètre carré. Ces dernières années, les rivages de la Corse sont les plus *courus*. La Corse, L'île de Beauté, devient la grande *vedette*. Il y a un caractère d'exotisme, ajouté au fait que c'est quand même encore la France.

Quelles sont les autres régions qui se développent? La côte d'Aquitaine a été *aménagée à grands frais*. Il y a 300 kms de plages et à cet espace s'ajoute un autre attrait: la forêt de pins la plus vaste d'Europe. Le soleil y brille autant que dans le Midi et la beauté, le caractère *sauvage*, le calme de cette région attirent les vacanciers qui souhaitent se reposer.

La région Languedoc-Roussillon est en troisième position et d'autres restent encore *inconnues* et protégées: le sud du Cotentin, les îles de Noirmoutier, de Ré, quelques plages de la Manche, dont l'état sauvage contraste avec l'urbanisation galopante de certains *coins* du *littoral*.

QUESTIONS

1. Quels sont les avantages des vacances au bord de la mer?   **2.** Comment est la côte varoise? Trouvez-la sur la carte. Pourquoi est-elle populaire? **3.** Comment appelle-t-on aussi la Corse? Quel caractère particulier a cette île?   **4.** Quel est l'attrait de la côte d'Aquitaine?   **5.** Trouvez sur la carte des côtes populaires encore relativement inconnues du grand public.

Choix d'une station

motivates / rather than

Qu'est-ce qui *pousse* les Français à choisir une station *plutôt qu*'une autre? Voici les questions que les vacanciers posent:

1. Quelle est la qualité de l'eau? La pollution est-elle importante?
2. Y a-t-il assez de soleil?

affordable

3. Les prix sont-ils *raisonnables*?
4. Combien de cinémas, de théâtres, de bibliothèques et de festivals trouve-t-on?
5. Comment mange-t-on dans cette région? Quelle est la réputation de ses restaurants?
6. Combien de cafés, de bars, de magasins d'alimentation, de boutiques de vêtements, de pharmacies y a-t-il?

sand / pebble

7. De quoi sont faites les plages? de *sable* ou de *galet*?
8. Quels sont les sports pratiqués dans cette région? Y a-t-il des clubs de voile, de ski nautique, de planche à voile? Comment sont les piscines, les courts de tennis, les terrains de golf ou de mini-golf?
9. Est-ce que cette station est à la mode?
10. La station a-t-elle un charme particulier?

QUESTIONS

1. D'après vous, quel est l'ordre des cinq critères suivants dans le choix d'une station: la réputation des restaurants; la pollution de l'eau; le soleil; le nom-

Cannes, sur la côte d'azur

bre de cinémas, théâtres, bibliothèques; les prix? **2.** De quoi sont faites les plages? **3.** Quels sports peut-on pratiquer sur une plage? **4.** Nommez des endroits où on peut se distraire dans une station de vacances.

Capsules

L'échangisme

Pour les Français qui veulent passer leurs vacances à l'étranger, et les étrangers qui désirent faire un séjour en France, il y a une nouvelle formule qui s'appelle: «l'échangisme». Intervac, Inter Service, Home Exchange, Séjours, sont des services internationaux qui existent dans cinquante pays et organisent des échanges de maisons. Par exemple, une famille parisienne peut laisser son appartement de quatre *pièces*, deux salles de bain, télévision, *femme de ménage disponible*, et aller passer un mois dans une maison de sept chambres, cinq salles de bain près de Santa Barbara en Californie. On échange aussi sa voiture, son médecin, même ses voisins! Il y a pourtant quelques inconvénients: on peut tomber sur une maison moins bien que l'annonçait la description: par exemple, la maison est sale, le chien est malade, une autoroute *bruyante* passe à côté. Et en rentrant chez soi, on peut trouver des *taches* partout, des assiettes cassées, les plantes vertes mortes... Malgré tout, la formule gagne le public.

rooms
maid / available

noisy
dirt spots

Les Aoûtiens

Connaissez-vous les Aoûtiens? Non, ce ne sont pas des habitants venus d'une autre planète. Simplement ce sont les Français qui insistent pour prendre leurs vacances du 1ᵉʳ au 31 août. Ils auraient la possibilité de partir en juillet ou en septembre, et le gouvernement et beaucoup d'*entreprises* les encouragent à le faire, mais c'est difficile de changer les vieilles habitudes. Alors le 1ᵉʳ août, au matin, des millions de Parisiens abandonnent leur ville en auto (les autoroutes qui vont vers le Sud sont *bouchées*) ou par le train (il faut *prévoir* un grand nombre de trains supplémentaires). Après leur départ, Paris devient un désert, mais ce désert est bientôt envahi par les visiteurs étrangers. Si vous allez à Paris en août, vous *aurez du mal* à trouver une boulangerie, une *blanchisserie*, ou même un restaurant ouverts. Les salles de spectacle *font relâche*. Les cinémas ne montrent que des «Westerns» et le McDonald's des Champs-Elysées fait fortune. Paris en août offre un visage très différent du Paris habituel.

businesses

bottlenecked
to foresee

to have a hard time
cleaner's / are closed

QUESTIONS   Choisissez la phrase qui complète le mieux les déclarations suivantes.

1. L'échangisme est une formule qui consiste
   a. à échanger de l'argent avant de partir.
   b. à échanger sa maison (ou son appartement) pour une autre dans un autre pays.
   c. à échanger une femme de ménage.

2. L'échangisme a des inconvénients parce que
   a. on n'a pas d'argent une fois qu'on est à l'étranger.
   b. on ne peut pas choisir le pays où on veut aller.
   c. on peut retrouver des dégâts *(damages)* quand on rentre chez soi.

3. Les Aoûtiens sont les gens
   a. qui viennent d'une autre planète.
   b. qui prennent leurs vacances au mois d'août.
   c. qui restent à Paris pendant le mois d'août.

4. Si vous allez à Paris au mois d'août, vous trouverez
   a. tous les magasins et des restaurants ouverts.
   b. beaucoup de touristes et peu de Parisiens.
   c. une grande variété de films dans les cinémas.

Lectures de distraction

Un gendarme perplexe

Imaginez un professeur américain, mais d'origine française, en vacances à Aix-en-Provence[1] et dont la voiture porte des *plaques d'immatriculation* allemandes! C'était mon cas il y a quelques étés.

license plates

Je conduisais un jour sur le Cours Mirabeau[2] et j'ai fait un *demi-tour*, qui, je l'ignorais, n'était pas légal. Un agent m'a vu et m'a fait signe de m'arrêter.

U-turn

—Vos papiers, s'il vous plaît! Vous devriez savoir que les *règlements du Code de la Route* sont les mêmes dans votre pays qu'en France.

traffic laws

—Quel pays? ai-je demandé.

—Mais l'Allemagne: vous avez bien une voiture avec des plaques allemandes!

—Oui, mais je ne suis pas allemand, Monsieur l'Agent, je suis américain.

---

1. **Aix-en-Provence** est une ville du Sud de la France, près de Marseille.
2. **Le Cours Mirabeau** est une avenue principale d'Aix-en-Provence.

—Mais alors, pourquoi conduisez-vous une voiture *immatriculée* en Al- *registered*
lemagne si vous êtes américain?

—Parce que c'est là que je l'ai achetée.

—Et *comment se fait-il* que vous parliez si bien français? *why?*

—Parce que je suis français!

—Comment? Mais vous venez de me dire que vous étiez américain!

   Visiblement, l'agent ne comprenait pas très bien la situation. *obviously*

—Avez-vous votre passeport?

—Oui, bien sûr! Et je lui ai montré mon passeport américain.

—En effet, vous êtes bien américain. Pourrais-je maintenant voir votre visa?

—Mais, je n'en ai pas!

—Ah! Vous savez que si vous restez plus de trois mois en France, il vous faut
un visa!

—Pas pour moi. Je suis de nationalité française et...

—Ah! Non! Ne recommencez pas! Vous êtes américain et il vous faut un visa!
Ou alors il faut que vous quittiez le territoire tous les trois mois et que vous
fassiez *tamponner* votre passeport à la frontière. *to stamp*

—Eh bien, voyez. Je suis allé en Allemagne: regardez, voici le tampon quand
j'y suis entré!

   Malheureusement, les *douaniers* n'avaient pas tamponné le passeport à *customs officers*
mon retour en France.

—Oui, dit l'agent, le plus sérieusement du monde, je vois bien que vous êtes
allé en Allemagne, mais qui me prouve que vous en êtes sorti?

   Il m'a regardé l'œil interrogateur et *soupçonneux* pendant quelques se- *suspicious*
condes, puis il s'est rendu compte de l'absurdité de sa remarque, a baissé les
yeux, m'a rendu mes papiers, a *fouillé* dans les siens et m'a finalement dit: *searched*

—Bon, ça va, c'est bon pour cette fois. Je ne vais pas vous donner de *contra-* *a ticket*
vention. Mais ne recommencez plus!

   Et il est parti et a probablement continué pendant longtemps à se de-
mander comment il était possible d'être *à la fois* américain, français, de con- *at the same time*
duire une voiture allemande et d'être à Aix-en-Provence sans être sorti
d'Allemagne.

QUESTIONS   Choisissez une réponse pour chaque déclaration.

1. Le professeur est vraiment
   a. français et américain.
   b. français.
   c. allemand.

2. Il a acheté sa voiture
   a. à Aix-en-Provence.
   b. en Allemagne.
   c. aux Etats-Unis.

3. Le professeur n'a pas besoin d'un visa parce que
   a. il est de nationalité française.
   b. il est de nationalité américaine.
   c. il va rester seulement une semaine en France.

4. Il faut un visa pour un étranger qui reste en France
   a. plus de trois mois.
   b. plus de six mois.
   c. plus d'un an.

5. Le gendarme de l'histoire n'est pas très
   a. consciencieux.
   b. intelligent.
   c. soupçonneux.

Des vacances bien reposantes

Josyane, son frère Nicolas, leurs autres frères et sœurs et leurs parents sont une famille nombreuse pas très riche qui habite dans une Cité.[3] Ils vont passer leurs vacances d'août à la campagne dans un petit hôtel. Mais la petite fille ne s'amuse pas beaucoup. Voici ses réflexions.

factory

for good

I was expecting
finally
piled up

Alors arrivèrent les vacances. L'*usine* fermait en août. Cette fois on n'irait pas chez la grand-mère... on irait dans un hôtel à la campagne, comme les vraies *gens*[4] qui vont en vacances, et on se reposerait *pour de bon,* du matin au soir, sans rien faire que respirer le bon air et faire des réserves de santé pour la rentrée.

... Les vacances commencèrent. Je *m'attendais* à aimer la Nature. Non.

C'étaient les mêmes gens, *en somme* que je voyais d'habitude, qui étaient là. La différence est qu'on était un peu plus *entassés* ici dans ce petit hôtel qu'à

---

3. **Une cité** is a big housing development.
4. **Les vraies gens.** Gens is a peculiar word—it is feminine if the adjective precedes, masculine if the adjective follows: **les bonnes gens; des gens intelligents.**

Paris où on avait au moins chacun son lit; et qu'on se parlait. Comme ils disaient, en vacances *on se lie* facilement. Je ne vois pas comment on aurait pu faire autrement, *vu qu*'on se tombait dessus sans arrêt, qu'on mangeait ensemble à une grande table, midi et soir, et que dans la journée on allait pratiquement aux mêmes endroits. Avec ça qu'on avait rien à faire du matin au soir, puisque justement on était là pour ça, et même qu'il n'y avait pas de télé pour remplir les *creux*, avant les repas, alors ils *se payaient des tournées* et causaient; et entre le dîner et l'heure d'aller au lit, car si on va au lit juste après manger, comme il y en avait toujours un pour le faire remarquer à ce moment-là, on digère mal; alors on allait *faire un tour* dehors, sur la route, *prendre l'air* avant de rentrer: c'était *sain*, disaient-ils, ça fait bien dormir; c'est comme de manger une pomme, et de boire un verre de lait, ajoutait l'un, et la conversation partait sur comment bien dormir...

> *you get acquainted*
> *considering that*

> *les moments sans activité / they bought each other drinks*

> *faire une promenade*
> *to go outside and breathe / healthy*

Le pays était beau, disaient-ils. Il y avait des bois, et des champs. Tout était vert, car l'année avait été humide. Les *anciens,* qui étaient arrivés avant nous, nous indiquaient où il fallait aller, comment visiter la région. On faisait des promenades; on allait par le bois et on revenait par les champs; on rencontrait les autres qui étaient allés par les champs et revenaient par le bois. Quand il pleuvait, papa faisait la belote avec deux autres *cloches.* Les gosses jouaient à des jeux *cons.* Les femmes à l'autre bout de la table parlaient de leurs ventres.

> *old-timers*

> *dummies*
> *stupides* (vulg.)

«En tout cas, on se repose. Et puis il y a l'air, disaient-ils. Pour les enfants.»

Je ne me souvenais pas d'avoir manqué d'air à la Cité. En tout cas pas au point de *me faire chier* tellement pour aller en chercher ailleurs.

> *s'ennuyer* (vulg.)

Quel malheur qu'on ne m'ait pas donné des devoirs de vacances! Des arbres à planter *en quinconces* le long d'allées qui se croisent. Des fontaines remplissant des bassins. Des conjugaisons. Le verbe s'ennuyer, si difficile: où met-on le yi?

> *in alternate rows*

J'essayais de m'en inventer; mais ça ne marchait pas; les devoirs, ça doit être obligé, sinon, c'est plus des devoirs, c'est de la distraction, et comme distraction, les devoirs, c'est *barbant.*

> *ennuyeux*

... Nicolas et moi, on ne trouvait même rien à se dire, je ne sais pas pourquoi, parce qu'enfin à Paris, il n'arrivait pas tellement de choses non plus si on veut bien regarder. C'était peut-être l'air: ils disaient aussi que le Grand Air, ça fatigue.

«Pourquoi on rentre pas à la maison? disait Nicolas.»

—Parce qu'on est en vacances.

«En tout cas, on se repose, disait la mère...»

Extrait de Christiane Rochefort, *Les Petits Enfants du siècle*

QUESTIONS Complétez les phrases suivantes avec les renseignements que vous trouverez dans le texte.

1. En France, les usines ferment... **2.** Les vraies gens vont en vacances...
3. Voici les activités des familles qui passent leurs vacances à l'hôtel...
4. Voici les avantages des vacances à la campagne... **5.** La télé est utile en

vacances parce que... **6.** Voici des recettes pour bien dormir: **7.** Voici des devoirs de vacances pour une écolière:

Exercices de vocabulaire

A. Choisissez parmi ces mots de vocabulaire pour compléter les phrases suivantes.

gendarme	la grande vedette	une cité
les plus courus	caravane	le plus populaire
bronzer	une contravention	sain
faire de la voile	le ski nautique	raisonnable

1. Les rivages _____ sont ceux de la Corse.
2. Il est agréable de se reposer et de _____ au soleil.
3. La Corse est _____ des vacances au soleil.
4. Les Français rêvent de se _____ dans un pays exotique.
5. _____ est un sport amusant: mais attention de pas tomber dans l'eau.
6. Une mer calme, un peu de vent et un bateau: voilà ce qu'il faut pour _____.
7. Le conducteur a montré ses papiers au _____.
8. Les campeurs installent leur _____ sur un terrain de camping.

B. Dans les phrases suivantes, remplacez les expressions en italique par un antonyme.

1. Mes amis ont fait refaire leur maison de campagne *à peu de frais*. («Où les Français vont-ils en vacances?»)
2. Ce qui est désagréable, c'est *la grande taille* de la plage. («Où les Français...»)
3. Certaines personnes préfèrent passer leurs vacances dans un endroit *civilisé*. («Où les Français...»)
4. Même le dimanche, cette autoroute est toujours *calme*. («L'échangisme»)
5. Les prix de cette station sont *horribles*. («Choix d'une station»)
6. En vacances, *on se fatigue*. («Des vacances bien reposantes»)
7. Dans cette station, *les nouveaux* ne sont pas aimables. («Des vacances...»)
8. *C'est amusant* de se promener tous les jours dans la forêt. («Des vacances...»)

C. Répondez avec le mot qui convient. Ensuite, utilisez les lettres dans les espaces numérotés pour répondre à une dernière question.

1. Maintenant les Français en ont cinq semaines par an! __ __ __ __ __ __ __ __
$\qquad$ 1

2. On en a besoin pour se bronzer. __ __ __ __ __ __ __
$\qquad$ 2

3. La capitale de la France. __ __ __ __ __ __
$\qquad$ 3

4. Il y en a beaucoup sur les autoroutes de France le 1ᵉʳ août.
__ __ __ __ __ __ __ __
$\qquad$ 4

5. Dormir sous la tente ou dans une caravane. __ __ __ __ __ __ __
$\qquad$ 5

6. L'île de Beauté = La _____.

A votre tour

1. Quels pays du monde vous attirent? Qu'est-ce que vous espérez trouver dans chacun d'eux?
2. Aimez-vous les vacances de camping? Pourquoi ou pourquoi pas?
3. Aimez-vous les vacances en hôtel? Pourquoi ou pourquoi pas?
4. Préférez-vous prendre vos vacances en hiver ou en été? Dites rapidement pourquoi.
5. Préférez-vous des vacances à la mer ou à la campagne? Dites pourquoi.

Interviews

1. Vous travaillez dans une agence de voyages aux Etats-Unis et vous parlez avec un Français qui veut visiter votre pays. Dans quels états l'envoyez-vous? Quels coins lui conseillez-vous de visiter (par exemple, le Grand Canyon, les Grands Tétons, Disneyland, Hollywood, la Floride, New York)?
2. Vous êtes gérant *(manager)* d'un hôtel dans une station de vacances et vous répondez au téléphone aux questions que vous pose un client: «Y a-t-il une piscine, un sauna, des courts de tennis, des bons restaurants,» etc.?
3. Demandez à un(e) camarade où il (elle) a passé ses dernières vacances et ce qu'il (elle) a fait pour s'amuser: quels sports il (elle) a pratiqués; s'il (si elle) a trop mangé, grossi, maigri; s'il (si elle) a pris des photos, fait du tourisme; s'il (si elle) a rencontré des gens intéressants, bizarres; etc.

Discussions orales ou écrites

1. Les Américains ont en général deux semaines de vacances payées par an et les Français en ont cinq. Pouvez-vous trouver des avantages et des inconvénients aux deux systèmes du point de vue personnel ou du point de vue de l'économie du pays? Comparez-les.
2. Certaines personnes, comme la famille de Josyane et les familles qui passent leurs vacances dans ce petit hôtel, ne savent pas vraiment se distraire en vacances. Que pensez-vous de cette attitude? Que suggérez-vous comme solution pour bien profiter des vacances? Faut-il organiser les loisirs des gens ou les laisser s'ennuyer?

Où cette étudiante passera-t-elle les vacances de Pâques?

Activités

1. Vous voulez visiter au moins trois stations de vacances en France pendant l'été. Regardez la carte à la page 67 et choisissez trois régions. Puis établissez votre itinéraire. Où se trouve chaque région? Qu'est-ce qu'il y a dans l'arrière pays? Par où passez-vous pour aller de l'une à l'autre?

2. Faites un sondage dans la classe pour savoir quel sport chacun de vos camarades aimerait pratiquer en vacances: la planche à voile? le ski nautique? la plongée sous-marine? le volley-ball? le farniente? etc.

3. Faites une enquête dans la classe et demandez à vos camarades comment ils envisagent leurs vacances idéales: camping? soleil? visites de musées? dormir jusqu'à midi? hôtel de luxe? aller nulle part? etc.

4. Vous travaillez dans une agence de voyages et plusieurs clients viennent vous demander des renseignements. Comment les conseillez-vous?

Client 1: J'aimerais bronzer les pieds dans l'eau.
Client 2: J'aime les ruines et les monuments anciens.
Client 3: La chasse et la pêche m'intéressent beaucoup.
Client 4: Moi, ce que je veux c'est ne rien faire, le farniente.
Client 5: Descendre un torrent, faire du trekking, du rafting, voilà ce qui me passionne.

Coup d'œil sur le monde francophone

Beaucoup de vacanciers qui visitent le sud des Etats-Unis choisissent de
voir le Mardi-Gras de La Nouvelle Orléans en Louisiane, nommée ainsi en
l'honneur du roi Louis. Dans la conversation des Cajuns, ces visiteurs
retrouveront des mots français du XVIIème siècle.

Les transports 6

Laissons la voiture à la maison.

Introduction

Dans un petit pays comme la France, les distances sont évidemment moins grandes qu'aux Etats-Unis. Le système des transports est donc différent: d'une

buses / railway network

ville à l'autre, il y a des trains fréquents ou des cars. *Le* réseau ferroviaire *est très développé et les trains sont toujours exacts. On prend plus le train en France qu'aux Etats-Unis, bien que toutes les lignes soient centralisées: elles partent*

railway system
spider web

toutes, ou presque toutes, de Paris, et la carte des chemins de fer *ressemble à une* toile d'araignée. *Mais de plus en plus les lignes intérieures aériennes (comme Air-Inter) font la concurrence au train, malgré la popularité du TGV,*

high speed train

le train à grande vitesse.

Autour des villes, les Français, comme les Américains, préfèrent prendre leur voiture pour aller au travail. Pourtant, on les encourage à prendre les transports en commun pour décongestionner la circulation des centres-villes; métro, autobus, et

commuter trains

trains de banlieue *sont mis à leur disposition.*

Lectures d'information

Amélioration des transports parisiens

administration / goal

La RATP (*Régie* autonome des transports parisiens) s'est fixé un double *but*: encourager les Parisiens à utiliser plus fréquemment les transports en commun, et assurer la sécurité des voyageurs.

Comme beaucoup d'habitants de grandes villes ou de banlieues de grandes villes, les Parisiens préfèrent utiliser leur propre voiture au risque de se

traffic jams

trouver bloqués pendant des heures dans des *embouteillages* énormes. Pas plus que 37% des habitants de la région parisienne utilisent les transports en commun (trains de banlieue, métro, autobus) pour aller à leur travail. Pourtant si 10% d'entre eux consentaient à laisser leur voiture à la maison, la circulation deviendrait à peu près fluide dans la capitale.

La RATP a donc décidé de faire des innovations: déjà, depuis les dix dernières années, le métro s'est modernisé, on a créé des *couloirs de circulation*,

aisles for buses

spécialement réservés aux autobus, et les trains de banlieue sont plus fréquents.

Le nouveau plan quinquennal (1983-88) va continuer dans ce sens. Le

le centre

réseau RER (métro-train de banlieue, qui part du *cœur* de la capitale et vous conduit très loin en banlieue) aura plus de kilomètres. Les stations seront

équipées de *panneaux* indicateurs plus détaillés, et dans les trains il y aura des   signs
écrans-vidéo qui aideront les voyageurs à mieux choisir leur itinéraire.   screens

  Mais c'est surtout à la sécurité des passagers que l'on pense. Comme dans
le métro de New York, les personnes âgées, les femmes seules sont prises
d'une véritable psychose de peur à l'idée de voyager à certaines heures, car il y
a eu des agressions et même des meurtres. Depuis que le *poinçonnage* des   punching
tickets a été automatisé, et que le poinçonneur a été remplacé par une machine, il n'y a plus, à l'entrée de chaque station, cette personne qui *surveillait*   watched
le *quai* et assurait un rôle humain, sécurisant. La Régie a donc décidé de placer   platform
dans chaque station un agent de quai, chargé de la surveillance mais aussi
d'une mission *d'accueil* et d'animation.   welcome

  En plus, des programmes culturels ont rendu le métro plus «*vivable*». Ex-   livable
position *d'artisanat*, spectacles de cirque, ballets de l'Opéra, musique de   arts and crafts
chambre: les programmes artistiques de qualité se sont multipliés. Même la
très célèbre Comédie Française[1] a participé aux spectacles de théâtre et joué
des pièces dans les couloirs du métro. On est loin de la formule «métro,
boulot, dodo»;[2] maintenant on prend le métro pour se cultiver! Si on pense
que le Parisien moyen passe 1200 heures de sa vie dans le métro, toutes ces
innovations sont les *bienvenues*.   welcome

  Enfin, dernière mesure importante, le prix des transports en commun
devient plus avantageux. La carte mensuelle de transports, dite «carte

---

1. **La Comédie Française:** A theater group created in the 17th century and subsidized by the
government.
2. See Chapter 2, *La forme.*

orange» sera bientôt payée à 50% par l'employeur, en attendant de l'être totalement. A ce compte, qui voudra prendre sa voiture pour aller travailler?

Adapté d'un article du *Journal Français d'Amérique*

QUESTIONS

1. Comment est la circulation dans le centre-ville quand chaque habitant prend sa voiture pour aller au bureau?   **2.** Quels sont les transports en commun qui sont à la disposition des Parisiens de banlieue pour aller au centre de la ville?   **3.** Où vous conduit le RER?   **4.** Par quoi le poinçonneur a-t-il été remplacé?   **5.** Quelles innovations est-ce que la RATP a faites pour rendre le métro plus vivable?   **6.** Pourquoi est-ce que les femmes seules et les personnes âgées ont peur de prendre le métro le soir?   **7.** Qu'est-ce que c'est que la carte orange?

Bus gratuits à Montpellier

choking / without in the least
to shop
confront

lords

on the outskirts of / at the rate of

unemployed people

Alléger le centre-ville des embouteillages et de l'*étouffement sans pour autant* diminuer le nombre de personnes venues y *faire des emplettes*, tel est le problème auquel *se heurtent* la plupart des villes françaises. Montpellier a su y répondre d'une façon originale en inaugurant l'été dernier un système d'autobus gratuits, baptisés les «Guilhem», du nom des *seigneurs* de la cité médiévale aux 10ème et 11ème siècles. Ces bus de quarante places font le tour des parkings *en bordure du* centre-ville, *à raison d'*un passage toutes les dix minutes de 7h30 à 19 heures.

Après six mois d'expérience, les résultats sont fort encourageants. Le système fonctionne à 76% de sa capacité. Les habitués les plus nombreux sont les étudiants et les lycéens, suivis par les retraités et les *chômeurs*, les employeurs

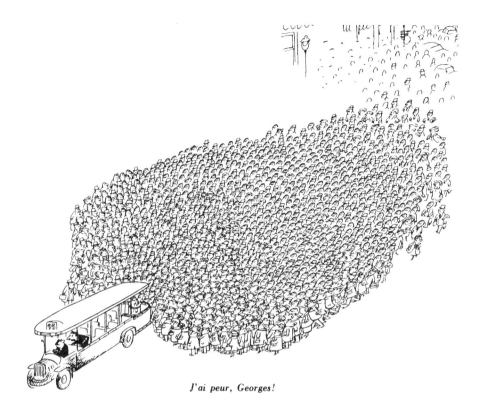

J'ai peur, Georges!

et les *cadres*. De ces *usagers*, 26% reconnaissent ne plus prendre leur voiture dans le centre-ville; 9% ont abandonné leur *deux-roues*; 28% sont des habitués des transports en commun et plus de 30% sont des *piétons* qui ont redécouvert l'autobus. Pendant la période des fêtes de fin d'année, les habitants de Montpellier ont même pu faire leurs achats sans *s'embarrasser* de paquets *encombrants* en les déposant dans des «bus-*consignes*», placés aux points stratégiques du centre-ville.

La *municipalité*, encouragée par l'adoption rapide de ce système, *entend* continuer à chercher tous les moyens susceptibles de décongestionner le centre-ville et a demandé à être associée aux études et aux expérimentations actuellement *en cours* dans la région parisienne.

executives / users

two wheeled vehicles

pedestrians

to burden oneself

cumbersome / checkrooms

town council / intends

in progress

Adapté d'un article du *Journal Français d'Amérique*

QUESTIONS   Dites si les déclarations suivantes sont vraies ou fausses. Si elles sont fausses, corrigez-les.

1. Guilhem est le nom de seigneurs de Montpellier aux 10ème et 11ème siècle.
2. Les bus gratuits de Montpellier font le tour des parkings vingt-quatre heures sur vingt-quatre.   **3.** Le système fonctionne à 56% de sa capacité.
4. Les habitués les plus nombreux sont les étudiants et les lycéens.   **5.** On

laisse ses paquets encombrants dans l'autobus.   **6.** La région parisienne désire copier le système de bus gratuits de Montpellier.

Capsules

Disparition des grands bateaux

cruise

Qui n'a pas rêvé devant une affiche publicitaire vous invitant à une *croisière* sur un grand bateau? Le charme d'un voyage par bateau est spécial. On

wharf / crowded / tar
scream / seagulls

évoque tout de suite un *quai encombré*, l'odeur de la mer et du *goudron*, la sirène du départ, le *cri* des *mouettes*...

Pendant longtemps, quand le bateau était le seul moyen d'aller de France aux Etats-Unis, en Afrique du Nord ou en Asie, les grands ports comme le Havre, Bordeaux et Marseille avaient une activité intense. Les grands *pa-*

ocean liners

quebots comme «le Normandie» et, plus récemment, «le France» faisaient la gloire des compagnies maritimes françaises. Ils mesuraient environ 300 mè-

crew

tres de long, transportaient 2000 passagers et 1000 hommes *d'équipage*. C'étaient de véritables villes flottantes avec cinémas, théâtre, piscines, bibliothèque, salles de jeux, discothèque, journal publié chaque matin, hôpital et même morgue. On y vivait comme dans des palaces, dans une atmosphère de

lavished attention on you
seasickness
upkeep
fuel

fête, avec des ''stewards'' qui *étaient à vos petits soins* et où le seul inconvénient était le *mal de mer*.

Mais ces palaces ont commencé à coûter trop cher à cause de l'*entretien* et du prix du *carburant* et ils n'étaient plus rentables. Et à part les personnes qui ont peur de prendre l'avion, ou qui ne sont pas pressées, tout le monde préfère aller plus vite et se tourne vers les avions, qui sont plus rapides et plus économiques. Alors, aujourd'hui la plupart ont été transformés en bateaux de

oil

croisière ou transportent des marchandises, du *pétrole* en particulier. On gagne en vitesse et efficacité ce qu'on perd en plaisir, confort, relaxation. C'est la

le prix

rançon du progrès!

Les transports aériens

links

Les *liaisons* aériennes internationales ont commencé comme une grande aventure: d'anciens pilotes de la guerre 1914–18 ou simplement de jeunes hommes audacieux s'envolaient sur de petits avions-jouets qui nous paraissent mainte-

mail

nant bien fragiles; ils transportaient le *courrier* de Paris à Londres, de Paris à Prague, plus tard de Toulouse à Barcelone, puis en Afrique du Nord, en Afrique équatoriale, par-dessus l'océan atlantique en Argentine et enfin par-dessus les

Andes, au Chili. La compagnie s'appelait l'Aéropostale et certains de ses pilotes sont entrés dans la légende par leurs exploits et leur courage. Les dangers étaient nombreux: les avions *tombaient* souvent *en panne* et pouvaient *atterrir* broke down / to land dans le désert ou dans l'océan. Mermoz, dont le nom est connu de chaque écolier français, est tombé dans l'Atlantique en pleine tempête. Saint-Exupéry, pour se distraire pendant les longues heures de *vol* solitaire, écrivait dans sa tête. flight Plus tard, *au sol*, il faisait publier les récits de ses vols et des expériences de ses on the ground camarades. Son livre le plus célèbre, *Le Petit Prince*, charme encore les adolescents français ou étrangers et leurs professeurs.

Aujourd'hui, la Compagnie Air-France est la 3ᵉᵐᵉ du monde et la 1ᵉʳᵉ d'Europe Occidentale; elle *dessert* plus de soixante-quinze pays. La compagnie serves Air-Inter, qui se développe rapidement, se spécialise dans l'exploitation des lignes intérieures et essaie de battre la concurrence du TGV. L'industrie aéronautique est devenue très active. En coopération avec l'Angleterre, les Français ont construit le Concorde, avion supersonique qui met New York à trois heures de Paris. L'Airbus, ce gros autobus de l'air, produit en collaboration avec l'Allemagne et les Pays-Bas, a un grand succès et de nombreuses *commandes* ont orders été passées par différentes compagnies américaines. Si Mermoz et Saint-Exupéry pouvaient voir ces «*gros porteurs*», ils n'en croiraient pas leurs yeux! jumbo jets

QUESTIONS   Terminez les phrases suivantes avec les renseignements que vous trouverez dans les capsules.

1. Deux grands bateaux français célèbres sont... **2.** Ces grands bateaux transportent... **3.** Sur ces villes flottantes on trouvait... **4.** Les grands bateaux ont disparu parce que... **5.** Saint-Exupéry était... **6.** La compagnie aérienne française qui fait des vols internationaux s'appelle... **7.** La compagnie aérienne française qui exploite les lignes intérieures s'appelle... **8.** L'Airbus est...

Lectures de distraction

La valise *volée* stolen

La gare de Poitiers est pleine de monde. C'est une fin de vacances et les voyageurs *se pressent* dans le hall et aux *guichets*. Dans quelques instants, à 20 hurry / ticket windows heures précises, l'express qui vient de Bordeaux va entrer en gare, s'arrêter trois minutes et repartir vers sa destination: Paris. Il faut faire vite. Je suis étudiante; je viens de passer la semaine des vacances de Noël chez mon père, à la campagne, et moi aussi je rentre à Paris pour *reprendre* mes classes. resume Justement, demain, il y a une «*interrogation écrite*» à 8 heures (quel professeur test

le voyage

as far as work is
    concerned

snack / wrapped

cookies
faits

shelf

one-way ticket

track / underground
    passage

panic / turn back
jostle

move away

examine closely / passer-
    by

got the wrong
is starting up
ready to cry

waiting room

underwear
detective story / heartily

burst into laughter

le roman policier

sadique a eu cette cruauté?). Le voyage dure cinq heures. Je vais avoir le temps, pendant le *trajet*, de réviser pour l'interrogation, parce que pendant les vacances, *question travail*, je n'ai pas fait grand'chose: j'ai surtout mangé. Je n'ai pas très envie de me remettre au travail et pour me consoler, je pense au bon *casse-croûte* qui se trouve dans ma valise, bien *enveloppé*, à côté de mes livres et de mes vêtements: un morceau de quiche, du poulet froid, une orange et un gros paquet de délicieux *gâteaux secs* que mon père a *confectionnés*.

Il y a une foule devant les guichets. Je me place derrière un jeune militaire. Je pose ma valise sur une *tablette* à côté d'autres valises pour chercher mon argent dans mon sac.

—Un *aller simple* pour Paris, seconde classe, s'il vous plaît, Monsieur.

—Voilà, Mademoiselle, ça fait 129 F.

Je reprends ma valise et je me dirige en hâte vers le quai. Le rapide vient d'être annoncé.

—L'express pour Paris, s'il vous plaît, Madame, quel quai?

—Quai numéro 2; traversez la *voie* par le *souterrain*.

Je suis la foule, mais tout à coup j'ai une impression bizarre: ma valise me semble plus lourde. Je jette un coup d'œil vers l'objet: même forme, petite, même couleur, marron, c'est sûr, mais ce n'est pas ma valise! Que s'est-il passé? Où est ma valise? Je *m'affole, fais demi-tour* et me heurte contre les voyageurs pressés qui viennent en sens inverse et me *bousculent*.

—Monsieur, Madame, avez-vous ma valise? J'ai perdu ma valise. Cette valise n'est pas à moi... Je...

Les gens me regardent d'un air bizarre et *s'écartent* prudemment. Je dois avoir l'air d'une folle. Que faire? Il faut absolument que je la trouve, cette valise: elle contient mes vêtements, mes livres, des papiers importants et surtout, mon dîner. Je *scrute* chaque *passant*, mais bientôt la foule diminue. Dans mon affolement, je n'ai pas le réflexe de monter dans le train, où sûrement se trouve ma valise, portée par... mais oui, c'est ça: c'est le jeune militaire qui a pris son billet devant moi et qui ensuite *s'est trompé de* valise: elles sont toutes si semblables. Où est-il? Trop tard, le train *démarre*. Je reste sur le quai, stupide, *au bord des larmes*.

Il n'y a pas grand'chose à faire. Le prochain train est à minuit: quatre heures à attendre! Je trouve une *salle d'attente*, pas très chaude, pas très confortable, et machinalement j'ouvre la valise: j'avais raison: elle contient quelques vêtements (et *sous-vêtements*) de militaire, des photos (tiens, il n'est pas mal, ce garçon!), un *roman policier*, et un gros sandwich que j'attaque *à belles dents* en regrettant un peu mon dîner délicat: le pain de campagne était un peu dur, mais le pâté délicieux. Et puis *j'éclate de rire*: je viens d'imaginer la tête du militaire quand il va ouvrir ma valise et trouver: ma chemise de nuit rose, mes livres austères et mon casse-croûte raffiné. J'espère qu'il ne va pas manger tous mes gâteaux secs!

Le *polar* était amusant: je l'ai lu en entier. Les quatre heures ont passé vite. Le train de minuit était moins plein: j'ai pu dormir un peu. Le lendemain, après mon retour, j'ai fait des révisions intensives et un peu fatiguée quand même, j'ai répondu pas trop mal aux questions de l'interrogation écrite. L'après-midi, j'ai reçu un *coup de fil* de mon «voleur de valise» qui est venu, bien embarrassé, faire l'échange de nos bagages. Nous avons pris un verre ensemble, nous avons ri de notre *mésaventure*, mais nous ne nous sommes jamais revus; il repartait le lendemain pour l'Est de la France, et d'ailleurs il avait mangé tous mes gâteaux!

a telephone call

mishap

QUESTIONS

1. Pourquoi y avait-il beaucoup de monde dans la gare de Poitiers?   **2.** Que va faire la jeune fille pendant le trajet?   **3.** Qu'est-ce qu'il y a dans sa valise? **4.** Comment le militaire a-t-il pu se tromper de valise?   **5.** Pourquoi la jeune fille s'est-elle affolée?   **6.** Qu'est-ce qu'elle a fait pendant quatre heures?   **7.** Comment a-t-elle retrouvé sa valise?   **8.** Qu'est-ce qui s'est passé quand elle a revu le jeune homme?

Le TGV

Dans une salle d'attente de la Gare de Lyon, à Paris, deux messieurs sont assis et font la conversation avant le départ du train.

M. Victor: Vous allez à Lyon?

M. Debré: Oui, vous aussi?

M. Victor: Oui, je pars à quatorze heures.

M. Debré: Nous allons donc voyager ensemble.

M. Victor: Très probablement. Mon train part du quai 6.

M. Debré: *Ah, bien alors* non, moi, je prends le TGV au quai 2.

well then

M. Victor: Le TGV? Mais *dites donc,* c'est beaucoup plus cher?

say!

M. Debré: Mais pas du tout. On ne paie que sept francs de plus que le prix normal pour la réservation. Et puis, il est bien plus rapide, plus confortable, moins bruyant que le train ordinaire.

M. Victor: Oh, moi, vous savez, j'aime mes habitudes.

M. Debré: *Mais voyons,* on fait Paris-Lyon en 2 heures 40. 426 kilomètres! Vous imaginez? La *vitesse de pointe* est de 260 kilomètres à l'heure.

come on!

top speed

M. Victor: Oui, mais moi, la vitesse me fait peur.

M. Debré: Je vous assure qu'on ne sent rien du tout. C'est le confort total. *D'ailleurs,* je viens de lire un article sur ce train fantastique. On a construit une ligne spéciale *toute droite,* sans tunnel, qui passe *en dehors des* villes et respecte les *sites classés* et les *vignobles* de Bourgogne. Un triomphe de la technologie française!

besides

straight / outside of

historical landmarks / vineyards

M. Victor: Bof![3]

---

3. **Bof:** expression of disbelief.

railway bridges / road
  bridges
spoil

bothersome

train

M. Debré: Il a fallu construire 320 *ponts-rails* et 126 *ponts-routes* qui n'*abîment* pas l'environnement.

M. Victor: Ah, vraiment?

M. Debré: Et la traction électrique ne cause aucune pollution.

M. Victor: Oui, mais quand on est debout, la vitesse doit être *gênante?*

M. Debré: Pas du tout; tous les voyageurs sont assis. Chaque *rame* peut accommoder 386 passagers et il est possible de coupler deux rames.

M. Victor: Et les repas, comment sont-ils?

M. Debré: Ah, ça, ce n'est pas ce qu'il y a de meilleur. Il y a un bar et on y achète des sandwiches et des boissons. On peut les placer sur une tablette prévue exprès comme dans les avions. Les sièges sont confortables et inclinables.

M. Victor: Mais moi, encore une fois, je ne me sens pas en sécurité quand ça va trop vite.

M. Debré: On a créé tout un système de nouveaux signaux: les informations apparaissent sur un écran dans la cabine du conducteur et le conducteur est en liaison permanente avec le poste central. D'ailleurs, 17.000 voyageurs prennent le TGV chaque jour, et il n'y a pas eu de déraillement. D'autres lignes sont prévues. Déjà, le TGV va jusqu'à Marseille et Genève sur la voie ordinaire, et dans les années qui viennent il va relier Paris aux grandes villes de l'Ouest et du Sud-Ouest. Parmi les pays étrangers, la Corée du Sud et le Brésil sont les premiers clients potentiels de la France pour la construction de ce train, qui a coûté 10 milliards de francs. Bonne *affaire* pour l'économie et le prestige français!

deal

Les Japonais, eux, n'en veulent pas, bien sûr! Ils ont déjà le Takaïdo, alias Shinkansen.

M. Victor: Vous m'avez convaincu, je vais aller changer mon billet. Je vous retrouve sur le quai!

M. Debré: Je suis sûr que vous n'allez pas regretter votre décision!

QUESTIONS Choisissez la réponse correcte pour chacune de ces déclarations.

1. M. Victor va
   a. à Marseille.
   b. à Paris.
   c. à Lyon.

2. Le prix du voyage par le TGV est
   a. beaucoup plus cher que le voyage par train ordinaire.
   b. bien moins cher.
   c. à peu près semblable.

3. La vitesse de pointe du TGV est
   a. 260 km à l'heure.
   b. 180 km à l'heure.
   c. 350 km à l'heure.

4. Pour construire le TGV on a
   a. abîmé l'environnement.
   b. respecté les sites classés et les vignobles.
   c. utilisé la ligne qui existait déjà.

5. Les repas dans le TGV
   a. sont pris dans un wagon restaurant réputé.
   b. se composent de sandwiches au bar.
   c. sont apportés sur un plateau comme dans l'avion.

6. En 1984, il y a
   a. un TGV qui va dans l'Ouest et le Sud-Ouest.
   b. un TGV pour aller à Londres.
   c. un TGV pour aller à Marseille et à Genève.

7. Dans le TGV
   a. la vitesse est très inconfortable.
   b. on ne sent rien quand le train va vite.
   c. la vitesse vous coupe le souffle.

8. M. Victor
   a. va prendre le TGV.
   b. va prendre un train plus lent que le TGV.
   c. va prendre le Takaïdo.

Exercices de vocabulaire

A. Mettez le mot approprié dans chaque phrase.

monde	le souterrain	vitesse de pointe
salle d'attente	un aller simple	guichet
abîment	wagon	une tablette
la rame	démarrent	

1. La gare est pleine de _____.
2. On prend son billet au _____.
3. Quand vous prenez votre billet, vous posez votre valise sur _____.
4. Pour aller au quai numéro 2, il faut traverser par _____.
5. On passe le temps dans la _____ avant le départ du train.
6. Le TGV fait 260 kilomètres à l'heure à sa _____.
7. Les ponts-rails et les ponts-routes n'_____ pas l'environnement.
8. Chaque _____ peut accommoder 386 passagers.

B. Remplacez l'expression en italique par un synonyme.
1. Les voyageurs *se pressent* sur le quai. («La valise volée»)
2. Dans la valise, il y a un *petit dîner* froid. («La valise volée»)
3. Ne vous *énervez* pas. («La valise volée»)
4. Le militaire *a pris la mauvaise* valise. («La valise volée»)
5. Le train *commence à partir.* («La valise volée»)
6. Le train part à *quatorze heures.* («La valise volée»)
7. Au bar on achète *quelque chose à boire.* («Le TGV»)
8. Je ne me sens pas *en sécurité.* («Le TGV»)

C. Regardez les dessins suivants et dites quel moyen de transport convient pour chaque personne.

MODÈLE: L'homme d'affaires va prendre le Concorde.

1.

2.

3.

4.

5.

6.

a.

b.

c.

d.

e.

f.

A votre tour

1. Quel est votre moyen de transport favori? Pour quelle raison voyagez-vous par ce moyen et pas par un autre?

2. Avez-vous déjà voyagé en train? Que pensez-vous de ce genre de transport?

3. Avez-vous déjà fait de l'auto-stop (*hitchhiking*)? Sinon, pourquoi pas? Que pensez-vous de ce moyen de transport?

4. Si on vous donnait la possibilité de faire un voyage dans une navette spatiale (*space shuttle*), accepteriez-vous? Pour quelles raisons?

Interviews

1. Interviewez une personne qui a peur de prendre l'avion. Pourquoi a-t-il (elle) peur? Que fait-il (elle) pour contrôler cette peur?
2. Quels arguments donnez-vous à un(e) camarade qui prend sa voiture pour aller travailler au lieu de prendre un bus gratuit ou de participer à un "car-pool"? Imaginez la conversation.

voiture
• on est plus indépendant
• on part et on arrive quand on veut
• on peut écouter de la musique

car-pool
• c'est plus économique
• on est moins fatigué
• on n'a pas de problème de parking
• on n'a pas de contravention

Discussions orales ou écrites

1. Comparez les moyens de transports aux Etats-Unis et en Europe. En Europe on se déplace beaucoup par le train. Pourquoi pas aux Etats-Unis? En

Europe on prend quelquefois l'avion entre les villes? Et aux Etats-Unis? Les systèmes d'autobus sont-ils développés dans certaines villes des Etats-Unis?
2. Etes-vous pour ou contre l'utilisation commerciale d'un avion supersonique (SST) comme le Concorde? Donnez et expliquez les raisons de votre choix et organisez un débat dans la classe ou écrivez un rapport sur ce sujet.
3. Que pensez-vous du problème des embouteillages dans les villes et sur les autoroutes aux heures de pointe? Avez-vous des solutions à proposer?
4. Vous êtes-vous jamais trompé d'objet: de livre, de valise, de train, de jour pour un examen? Racontez dans quelles circonstances et quelles ont été les conséquences de votre erreur?

Activités

1. Faites un recensement dans la classe pour savoir qui vient à l'université à pied, à bicyclette, en voiture, en bus, et pour quelle raison.
2. Jouez deux scènes avec des camarades: une où vous faites un voyage lent (à pied, à bicyclette, en auto-stop), où vous prenez votre temps; l'autre où vous faites un voyage rapide (par TGV, par avion) où on se dépêche, on s'affole.

voyage lent
- on peut s'arrêter quand on veut
- on admire le paysage
- on pique-nique dans l'herbe
- on fait la sieste sous un arbre
- on parle aux paysans

voyage rapide
- on va plus vite
- on arrive tout de suite
- on a le confort
- on est plus propre
- on est moins fatigué

3. Vous êtes chargé d'introduire le TGV aux Etats-Unis. Essayez de convaincre un groupe de financiers des avantages d'un train à grande vitesse dans ce pays (entre San Francisco et Los Angeles, Chicago et New York, Dallas et New Orleans).

avantages
- concurrence avec l'avion
- prix plus avantageux
- nécessité d'une ligne ferroviaire plus efficace aux Etats-Unis
- départs et arrivées aux centres des villes
- pas de ''jet-lag''
- les gens qui ont peur de l'avion sont rassurés
- il y a moins d'accidents

désavantages
- les voyages restent plus longs que par avion
- il y a des retards

Coup d'œil sur le monde francophone

Au Sénégal, on peut choisir de circuler en ville dans un «car-rapide», autobus colorié, couvert de dessins et d'inscriptions. Certains de ces cars-rapides font de plus longs voyages, allant d'un bout du pays à l'autre. Mais attention: malgré leur nom, ces autobus ne roulent pas très rapidement!

La bagnole 7

La France au volant

Introduction

Lectures d'information
L'industrie automobile
Le Rallye Paris–Dakar

Capsules
Sexistes de la voiture
Le permis de conduire

Lectures de distraction
La bagnole, c'est un bon placement
La vignette

Introduction

La voiture française occupe une place tout à fait honorable dans l'industrie mondiale: les noms de Renault et Peugeot sont connus partout; plusieurs modèles, l'Alliance en particulier, ont pénétré avec succès le marché américain. En France, on est chauviniste et on préfère acheter français.

car

speed

La bagnole *tient une place importante dans la vie d'un Français. Cette machine, qui devient souvent une extension de la personnalité de l'individu, est l'objet de soins spéciaux et d'une vénération parfois dangereuse: l'amour de la* vitesse *fait oublier la prudence et sur les routes de vacances et du week-end, l'indiscipline des Français est souvent la cause d'accidents fatals.*

test

winner
as well as

Les Français se passionnent également pour le sport automobile. Les courses de compétition, les rallyes sont suivis avec grand intérêt: le Tour de France Automobile, le Rallye de Monte Carlo, le Rallye Paris–Dakar. L'épreuve la plus populaire est sans doute «Les 24 Heures du Mans» à laquelle participent les champions de nombreux pays. Les autos tournent pendant 24 heures autour d'un circuit de 13,5 kilomètres à une moyenne de plus de 240 km/h. Le gagnant reçoit le bouquet de fleurs traditionnel (ainsi qu'une importante somme d'argent) et devient instantanément une célébrité.

Lectures d'information

L'industrie automobile

L'industrie automobile occupe une place considérable dans l'économie française. La France vient au quatrième rang dans le monde pour le nombre d'automobiles construites par an (après les Etats-Unis, le Japon et l'Allemagne). Ce nombre représente environ 10% de la production automobile mondiale.

in competition
to demonstrate

Pour rester *en concurrence* avec les industries étrangères, les firmes françaises ont dû se moderniser et *faire preuve* d'agressivité. La construction devient de plus en plus automatisée: maintenant les voitures sont en grande partie fabriquées par des robots. La Peugeot 505 est équipée d'un synthétiseur de voix qui *avertit* le *conducteur* des incidents éventuels de fonctionnement. Renault a *mis au point* une clef électronique qui, à distance, ferme les portes et *coupe l'allumage.*

warns / driver
perfected
turns off the ignition

stock

Sur le plan commercial, l'industrie automobile française est très importante. Renault a récemment acquis 46% du *capital* d'American Motors, et l'Alliance est assemblée à Kenosha dans le Wisconsin. L'Alliance a été votée la voiture de l'année en 1982 par les magazines spécialisés et les dirigeants de

Renault espèrent en vendre 100.000 modèles aux E-U en un an. Beaucoup de firmes sont directement associées à la production automobile. La Société Michelin, par exemple, inventeur du *pneu* radial, est connue dans le monde entier. Plus d'un million et demi de Français vivent directement ou indirectement de l'industrie automobile.

tire

QUESTIONS

1. Quelle place l'industrie automobile occupe-t-elle dans la France? **2.** Nommez des marques de voitures françaises. **3.** Donnez deux exemples d'extrême modernisation de l'industrie automobile française. **4.** Où est fabriquée l'Alliance? **5.** Combien de Français vivent de l'industrie automobile? **6.** Nommez une autre industrie qui est associée à la production automobile.

Le Rallye Paris–Dakar

Un homme de trente-trois ans, Thierry Sabine, passionné d'aventure, de grands espaces, de déserts et de vitesse, a conçu l'idée du rallye Paris–Dakar. Depuis 1979, tous les ans au mois de janvier, pour chasser le ''blues'' des fêtes de fin d'année, des centaines d'amateurs et de professionnels s'embarquent dans cette course *insensée* et *démesurée:* pendant vingt jours ils vont conduire sur 10.000 kilomètres, en voiture, à moto ou en camion, avec parfois une journée de repos. La France et le monde entier qui s'intéresse à la voiture ou à la moto les suit.

crazy / out of proportion

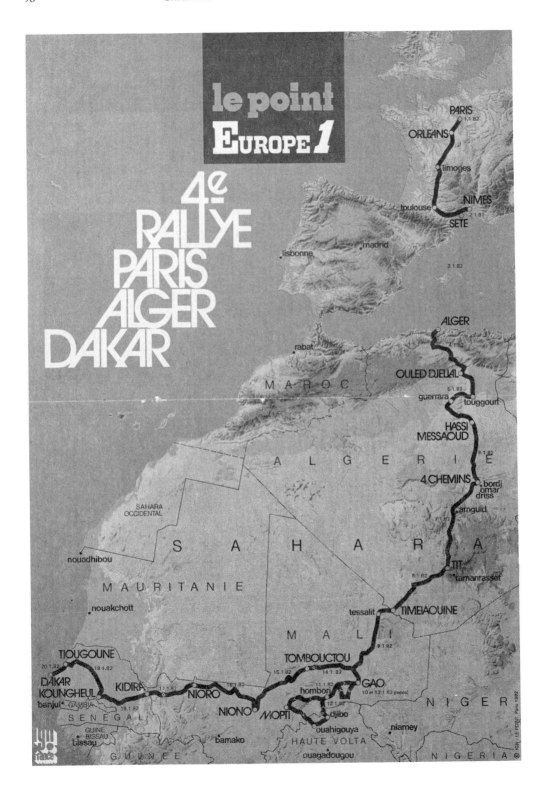

Les deux premières *étapes* Paris–Sète éliminent les plus faibles. Puis on s'embarque à bord du car-ferry jusqu'à Alger, où la véritable aventure commence. Les *engins foncent* plein sud vers le Niger, la Burkina-Faso,[1] la Côte d'Ivoire pour remonter vers le Mali, la Mauritanie et le Sénégal: quinze étapes brûlantes dans la poussière de *pistes* tantôt *rocailleuses*, tantôt *ensablées*, souvent mal marquées à travers montagnes et déserts. Toute erreur, toute *chute* peut-être fatale aux machines comme aux hommes. En 1982, trois hommes sont morts. En 1983, on a cru perdu le fils de Mme Margaret Thatcher, et un Français s'est tué en moto. Seuls les plus endurants et les plus *chanceux* résistent à la difficulté des épreuves, dans des températures qui vont de *40°C* le jour à 0° la nuit.

Les participants courent à leurs risques. Le système de sécurité est pourtant très développé: l'organisation de *l'intendance* est très perfectionnée et des repas sont servis aux étapes. Des tonnes de *vivres* et des litres d'eau sont distribués.

Mais surtout, des *camions-balais* récupèrent les accidentés et leurs machines. Une équipe médicale est prête à intervenir en toute occasion. Récepteurs, émetteurs, *radios-balises,* avions, hélicoptères, tout a été prévu pour qu'on puisse *repérer* et trouver les concurrents, s'ils se perdaient dans le désert; et c'est arrivé. En 1982, le capitaine Deschard *est tombé en panne d'essence* sur une piste inconnue et déserte. Il a poussé sa moto pendant deux jours, avec comme provisions un litre d'eau et une *ration militaire.* Par miracle, il a rencontré des nomades dans une oasis. Participer au rallye Paris–Dakar, c'est entrer dans la légende des «fous du désert».

Paris–Dakar, c'est le *défi* de la résistance des hommes et des machines. Car sur ces pistes *lointaines,* de formidables intérêts commerciaux *sont en jeu:* les constructeurs dépensent des fortunes pour perfectionner leurs machines, car passer avec succès au travers de ces épreuves *démentes* atteste de la qualité du matériel. Une victoire n'a pas de prix et c'est une garantie certaine de *ventes.*

Pour vivre un peu le rêve des grands aventuriers, on va acheter une moto, une voiture de la même marque que la moto ou la voiture gagnantes. Malgré la concurrence sévère d'autres marques—Honda et Yamaha pour les motos, Renault, Ferrari et Mazda pour les voitures—ce sont les Allemands qui ont gagné en 1983: BMW pour les motos, Mercedes pour les autos et les camions. Quant aux hommes, c'est le comédien Claude Brasseur et le champion du monde des courses d'endurance 1982, Jacky Ikxc, qui ont remporté la victoire.

Ceux qui reviennent de cette épreuve surhumaine *jurent* qu'ils ne recommenceront plus, mais ils seront là, sur la ligne de départ, l'année suivante.

Adapté d'un article du *Journal Français d'Amérique*

---

1. **Burkina-Faso** is the new name of the country formerly known as Upper Volta (*la Haute-Volta*).

Glossary (right margin):

- distance to cover in one day
- machines / dash
- trails / rocky / covered with sand / fall
- lucky
- 100° F
- supply services
- food supplies
- rescue trucks
- CB radios
- to locate
- ran out of gas
- K ration
- challenge
- distant / are at stake
- crazy
- sales
- swear

QUESTIONS   Choisissez le groupe qui complète le mieux les déclarations suivantes:

1. Le Rallye Paris–Dakar a lieu
   a. au printemps.
   b. en été.
   c. en hiver.

2. Il dure
   a. six semaines.
   b. trois semaines.
   c. un mois.

3. La distance parcourue est de
   a. 20.000 kilomètres.
   b. 1.000 kilomètres.
   c. 10.000 kilomètres.

4. La véritable aventure commence à
   a. Paris.
   b. Sète.
   c. Alger.

5. Le Rallye ne traverse pas un de ces pays:
   a. La Burkina-Faso.
   b. Le Mali.
   c. Le Kenya.

6. Pendant le rallye,
   a. des repas sont servis aux étapes.
   b. les conducteurs font leur propre cuisine.
   c. les conducteurs s'arrêtent dans des restops le long du parcours.

7. Les gagnants de la course Paris–Dakar 1982 ont été
   a. le capitaine Deschard et Thierry Sabine.
   b. les fils de Madame Thatcher.
   c. le comédien Claude Brasseur et Jacky Ikxc.

8. Les voitures qui ont gagné en 1982 étaient
   a. allemandes.
   b. françaises.
   c. japonaises.
   d. italiennes.

Capsules

Sexistes de la voiture

Dans les pages publicitaires, les automobiles sont souvent comparées à une arme (la Renault 30 est un «magnum», la Renault 18 Turbo possède une «beauté canon»); à une femme (la Citroën BX «vit», «rêve», elle est *«effilée,* lean *élancée, élégante»*); à un *fauve* (la Peugeot «sort ses *griffes»*). C'est que la wild beast / claws France est toujours sexiste en ce qui concerne les voitures! Elles sont faites pour et conduites par les hommes! Ne dit-on-pas «La femme au *volant,* la steering wheel mort au *tournant»*! Cette voiture appartient à l'homme qui la considère curve comme une de ses plus précieuses possessions, jalousement gardées, puisqu'après tout, «une voiture, c'est comme une femme, ça ne se prête pas».

Le permis de conduire

most / driver's license
take

Dans *la plupart* des états américains, vous pouvez obtenir votre *permis de conduire* à l'âge de seize ans. Pour cela, vous *suivez* des leçons de conduite au "high school," et pour quelques dollars vous passez un examen. Si vous y réussissez, ce qui est le plus souvent le cas, on vous donne votre permis. Le système est différent en France: pas d'auto-école au lycée, mais un nombre requis d'heures de leçons (très chères) données par des compagnies privées. Puis, à dix-huit ans au plus tôt vous allez passer votre permis. Il est rare de réussir du premier coup, et il faut reprendre des leçons jusqu'à ce qu'enfin vous réussissiez à l'examen! Vous devez payer l'équivalent de $500.00 pour

gift

obtenir votre permis de conduire. C'est un *cadeau* traditionnel pour vous récompenser de terminer vos études secondaires!

QUESTIONS

1. A quelles armes sont comparées certaines voitures? **2.** Pour qui sont faites les voitures en France? **3.** Expliquez avec une phrase complète le slogan: «Une femme au volant, la mort au tournant.» **4.** A quel âge peut-on obtenir son permis de conduire aux Etats-Unis? et en France? **5.** Combien faut-il payer pour un permis de conduire en France?

Lectures de distraction

La bagnole, c'est un bon placement

type of French car made
by Renault

155 miles

it's useless
cop / to catch

Alain: Ton père, qu'est-ce qu'il a comme bagnole?[2]
Thierry: *Une R4*, et vous, qu'est-ce que vous avez?
Alain: Nous, on a une Peugeot.
Thierry: Dis donc, c'est chouette comme voiture!
Alain: Ouais, un peu: ça fait du *250* à l'heure.
Thierry: D'accord, mais maintenant, avec la limite de vitesse, même sur l'autoroute, *ça sert à rien* si ta bagnole peut faire du 250. A 180, il y a toujours un *flic* pour t'*épingler*...

---

2. This conversation is taking place between two French boys; their language is quite different from adult conversational French. Notice slang expressions, omission of the negative, colloquial sentences like **ouais** for **oui, dingue** *(crazy)*, **tu rigoles** *(you must be kidding)*, etc.

Alain: Oui, mais attention, la limitation de vitesse, c'est important, ça réduit les accidents *de moitié*.   by half

Thierry: Et la ceinture, *mon vieux*, faut pas l'oublier, ça compte aussi.   old chap

Alain: Mon père, lui, il refuse absolument de mettre la ceinture. Il dit que ça lui donne l'impression d'être *en laisse*. Il ne peut pas *supporter* ça.   on a leash / to stand

Thierry: Eh bien, le mien, c'est *pareil*. Il ne met sa ceinture que s'il voit un flic à l'horizon.   the same

Alain: Mon père, tu vois, à la maison, il est toujours calme et gentil. Et quand il est *au volant*, il est complètement différent. Il veut dépasser tout le monde. Il ne parle que de *garder sa moyenne*. C'est *dingue*! Si un autre *type* le dépasse, il est furieux, il n'est pas content tant qu'il ne l'a pas redépassé, et souvent il lui *fait une queue de poisson*. Maman, elle *hurle*. *Quel cirque!*   driving / keeping his speed up / crazy / guy / cuts in front of somebody / screams / What a riot!

Thierry: Ben nous, c'est autre chose. La voiture, c'est sacré. Mon père prend le train et le métro pour aller à son travail. Remarque, d'un côté, il a raison. En ville, pour *garer*, c'est toute une histoire. Alors, la voiture, elle reste au garage. Le dimanche, on la sort dans la cour. On la lave.   to park

Alain: C'est ton père qui la lave?

Thierry: Tu rigoles? C'est ma sœur et moi. Papa nous donne 5F chacun. On la *savonne*, on la *frotte*. Elle brille. On la regarde.   lather with soap / scrub

Alain: Et après, vous allez vous promener?

Thierry: Penses-tu, l'essence coûte trop cher. On la *met en route*. On fait tourner le moteur, et puis on la rentre.   start

Alain: Alors vous ne vous en servez jamais?

Thierry: Si, aux vacances. On va chez ma grand-mère, dans la Creuse.[3] Ça fait un chouette voyage!

Alain: Une voiture qui ne sert pas, c'est *pas marrant*.   no fun

Thierry: Papa dit que c'est un *placement*. Elle ne perd pas de valeur. On peut la revendre presque le prix qu'on l'a payée.   investment

Alain: Et qu'est-ce que vous allez faire de l'argent?

Thierry: On va en racheter une autre.

QUESTIONS   Indiquez si les déclarations suivantes sont vraies ou fausses. Si elles sont fausses, corrigez-les.

1. La famille de Thierry a une Mercedes.   2. La famille d'Alain a une Peugeot.   3. La limitation de vitesse réduit les accidents de moitié.   4. Le père d'Alain met toujours sa ceinture de sécurité.   5. Une queue de poisson est un plat délicieux en France.   6. Le père de Thierry prend le train et le métro pour aller à son travail.   7. L'essence coûte très cher en France. 8. Les parents de Thierry se servent de la voiture pour aller en vacances chez la grand-mère.   9. Ils revendront la voiture pour faire un voyage aux Etats-Unis.

_____

3. **La Creuse** is a department in the center of France.

La vignette

car registration

En France, chaque voiture doit avoir une *vignette*; comme aux Etats-Unis on a un petit morceau de papier de couleur pour indiquer qu'on a bien payé son

annual fee for car / notice

impôt-voiture. Aux Etats Unis, on reçoit un *avis* par la poste une fois par an et on doit payer son impôt avant la date indiquée. En France, il faut acheter la

police headquarters / deadline

vignette dans un bureau de tabac[4] ou à la *Préfecture de police* et la *date limite* est la même pour tous les Français, en décembre.

stay

used car

Quand j'étais en France pour un long *séjour* il y a quelques années, j'ai acheté une *voiture d'occasion.* Un jour de décembre, j'ai ouvert le journal et j'ai

errands

lu: «Aujourd'hui, date limite pour l'achat de votre vignette.» Mon Dieu!, j'avais presque oublié. Où avais-je la tête? Après mes *courses,* ce matin-là, je passe au bureau de tabac.

Moi: Bonjour, Monsieur, il me faut une vignette pour ma voiture, s'il vous plaît.

Le buraliste: Qu'est-ce que vous avez comme voiture, Madame?

Moi: J'ai une Simca 1000.

scornful / small car

Le buraliste: *(Un peu méprisant)* Ah! Une *petite cylindrée...* Désolé, mais je n'ai plus de vignette pour cette taille.

Moi: Comment! Vous n'avez plus vignette?

Le buraliste: Non, Madame. Vous comprenez, des petites voitures, il y en a plus que des grosses, alors, les vignettes pour les petites, elles partent vite.

Moi: Mais pourquoi n'avez-vous pas commandé plus de vignettes pour petites voitures, dans ce cas-là?

that's the way it is

Le buraliste: Parce que *c'est comme ça.* On m'envoie un assortiment, et les premiers à acheter leur vignette ont le choix. Les derniers, comme vous,

too bad

you should have taken care of it sooner
unfair

tant pis pour eux... Et d'abord, pourquoi vous venez au dernier moment? *Il fallait vous y prendre plus tôt!*

Devant une attaque aussi *injuste,* je sens la nécessité de me défendre.

Moi: Monsieur, je suis française, mais j'habite aux Etats-Unis et...

Le buraliste: Eh bien! C'est partout la même chose. Aux Etats-Unis, en Russie, en Italie, en Chine. Il faut acheter sa vignette à temps. Il ne faut pas attendre au dernier moment!

I am getting mad

Je sens *la moutarde me monter au nez.* Vais-je lui expliquer que le système américain, beaucoup plus logique, permet à tous les propriétaires de voiture de payer leur impôt par la poste? Il ne me croirait pas!

Moi: Et il n'y a pas un autre endroit où je pourrais en trouver une?

Le buraliste: Essayez au bureau de tabac du village voisin.

J'y arrive une heure après.

Moi: Bonjour, Monsieur, vous avez des vignettes pour petites voitures?

---

4. **Un bureau de tabac** is a small store where cigarettes, matches, and stamps are sold. *Le (la) buraliste* is the person in charge of such a store.

Le buraliste: Non, toutes vendues. Et vous n'en trouverez pas ailleurs—ce sont les plus populaires. Essayez à la Préfecture de Police, à Nice. Là, sûrement ils en auront.

Moi: Mais nous sommes samedi, certainement, le bureau est fermé.

Le buraliste: Alors, allez-y lundi.

Moi: Mais la date limite est aujourd'hui.

Le buraliste: Ça, Madame, je n'y peux rien. Il fallait vous y prendre plus tôt.

Si j'entends cette phrase une fois de plus... Comment expliquer que, *de bonne foi*, je croyais que ma vignette était *valable* pour toute l'année et qu'aux Etats-Unis...? *Peine perdue!* Le lundi, je suis allée à la Préfecture de Police de Nice. On m'a vendu une vignette pour petite voiture; mais on m'a pénalisée (10%) parce que je l'achetais après la date limite. J'ai protesté:

Moi: J'ai essayé d'en acheter une dans plusieurs villages. Pas un bureau de tabac n'avait de vignettes pour petites voitures.

L'employé: Vous avez un papier?

Moi: Un papier?

L'employé: Oui, un certificat d'absence de vignette signé par le ou la buraliste?

Moi: Non, je n'ai pas pensé à leur en demander un. Mais je vous assure...

L'employé: Madame, désolé. Le règlement, c'est le règlement. Dix pour cent d'*amende* pour votre retard!

[marginal glosses:] in good faith · good · No use! · fine

QUESTIONS   Complétez les phrases suivantes avec les renseignements que vous trouverez dans la lecture «La vignette».

1. La vignette est ____.   2. On achète la vignette dans un ____.   3. La dame de l'histoire a une voiture _ __.   4. Le buraliste n'a plus de vignette parce que ____.   5. La dame est française mais elle habite ____.   6. Avec le système américain, on paie son impôt ____.   7. La dame doit aller à Nice, à ____.   8. Elle a trouvé une vignette mais ____.

Exercices de vocabulaire

A. Complétez les phrases suivantes avec l'expression qui convient de la liste en-dessous.

insensé	une voiture	un cadeau
une garantie de	d'occasion	garder sa moyenne
ventes	vignette	l'amende
tomber en panne	épreuve	le permis de
d'essence	le volant	conduire

1. Avant de conduire, c'est la loi d'avoir ____.
2. Les participants du rallye ont peur de ____ au milieu du désert.
3. Pour les constructeurs automobiles, une victoire dans le Rallye Paris–Dakar est ____.
4. Le conducteur français est obsédé par l'idée de ____.
5. Le parcours du Rallye Paris–Dakar est ____.
6. Avez-vous acheté votre ____? Attention à ____ si vous êtes en retard.
7. Conduire des milliers de kilomètres dans le désert par une température torride est une ____ terrible.
8. Si on n'a pas assez d'argent pour acheter une voiture neuve, on se contente d'____.

B. Dans les séries suivantes, trouvez le nom ou l'expression qui n'appartient pas au groupe. Employez ce mot dans une phrase.

1. a. volant
   b. moteur
   c. ceinture
   d. valise

2. a. Peugeot
   b. Citroën
   c. Mercedes
   d. Renault

3. a. flic
   b. douanier
   c. gendarme
   d. coureur

4. a. passeport
   b. permis de conduire
   c. amende
   d. vignette

C. Remplacez les expressions en italique dans les phrases suivantes par des antonymes.

1. Vous avez oublié d'acheter votre vignette? *Tant mieux* pour vous! («La vignette»)
2. Quand ce marchand a essayé de me vendre une voiture qui ne marchait pas, il était *de mauvaise foi*! («La vignette»)
3. Les concurrents qui tombent en panne dans cette course sont-ils *malchanceux*? («Le Rallye Paris–Dakar»)
4. Les Français sont *larges d'esprit*, quand il s'agit de voiture! («Les sexistes de la voiture»)
5. Le *perdant* du rallye jure qu'il ne recommencera plus. («Le Rallye...»)
6. Mon père, quand il est au volant, est *différent*. («Une bagnole...»)

A votre tour

1. Quelles sont vos voitures préférées? Donnez les qualités de chacune.
2. A quel âge avez-vous eu votre permis de conduire? votre première voiture? De quelle marque était-elle? Combien de temps l'avez-vous gardée?
3. Respectez-vous toujours la vitesse limite? Portez-vous votre ceinture de sécurité? Quelles justifications donnez-vous à vos réponses?
4. Utilisez-vous une voiture en toutes occasions (même pour de très courtes distances), ou bien vous servez-vous de votre bicyclette ou allez-vous à pied?
5. Aimez-vous conduire? Donnez des raisons pour ou contre.

Interviews

1. Interviewez un(e) camarade sur une panne mémorable qu'il (elle) a eue:
   - Dans quelles circonstances la panne a-t-elle eu lieu? De jour, de nuit?
   - Est-ce que tu étais sur une route déserte ou sur une autoroute?
   - Est-ce-que c'était une panne d'essence, quelque chose qui s'était cassé *(broken)* ou un pneu crevé *(flat tire)*?
   - As-tu appelé un garagiste?
   - Quelqu'un s'est-il arrêté pour te dépanner?
   - Combien de temps as-tu attendu?
2. Interviewez un(e) camarade qui a eu des problèmes quand il (elle) conduisait pour savoir ce qui se passait.
   - Est-ce que tu allais trop vite ou trop lentement?
   - As-tu changé de ligne sans mettre ton clignotant *(blinker)*?
   - As-tu brûlé un feu rouge *(run through a red light)*?

Discussions orales ou écrites

1. En France, la vitesse limite sur l'autoroute est de 130 kilomètres à l'heure; aux Etats-Unis, elle est de 88 km/h. Organisez la classe en deux groupes: l'un favorisant le point de vue français, l'autre le point de vue américain.

Le point de vue français: les gens pensent que les voitures sont faites pour aller vite; on est toujours pressé; on se sent plus libre quand on fait de la vitesse; on se moque des flics.

Le point de vue américain: la sécurité d'abord; le souci de la consommation d'essence; le sens de la discipline; la peur du flic et le respect de la loi.

2. On dit que la façon de conduire reflète la personnalité du conducteur: Que pensez-vous de cette théorie? Donnez des exemples d'attitudes au volant caractéristiques et dites comment vous les interprétez.

Exemples: passer à un feu rouge est un signe d'indiscipline; aller trop lentement est un signe d'hésitation, de peur.

3. Il faut avoir dix-huit ans en France pour avoir le droit de conduire une voiture; devrait-il être possible d'obtenir son permis de conduire à seize ans comme en Californie, par exemple? Organisez une discussion à ce sujet.

4. Comparez l'usage de la voiture en France et aux Etats-Unis.

En France: distances plus courtes, transports en commun plus développés, essence très chère.

Aux Etats-Unis: longues distances, peu de transports en commun, essence meilleur marché.

Activités

1. Vous êtes moniteur d'auto-école (*driver education instructor*). Quels conseils donnez-vous à votre élève le premier jour? Exemples:

- soyez prudent(e)
- allez lentement
- arrêtez-vous aux stops
- respectez les feux (*lights*)
- faites attention aux piétons (*pedestrians*)
- attachez votre ceinture

2. Vous avez une voiture qui ne marche pas bien et vous essayez de la vendre: vous insistez sur ses qualités et votre camarade, plus malin, vous pose des questions sur la mécanique. Jouez la scène avec un camarade. *Vous:* la carrosserie (*body*) est en bon état, la couleur est à la mode, elle consomme peu d'essence, les sièges sont confortables, la radio marche bien.

Votre camarade: comment marchent les freins, le moteur, la transmission, etc.?

3. Imaginez un parcours de rallye aussi dur que le Rallye Paris–Dakar, mais dans un pays froid (la Sibérie, l'Alaska). Un journaliste vous pose des questions sur le froid: quelle était la visibilité? L'essence a-t-elle gelé (*freeze*) etc?
4. Faites un sondage dans la classe pour savoir lesquels de vos camarades ont une voiture. De quelle marque est-elle? C'est une voiture achetée neuve ou d'occasion? Quelles sont ses qualités? Ses défauts?

Coup d'œil sur le monde francophone

paved
unpaved roads
ferryboat
feat

Dans les pays francophones en voie de développement il y a peu d'autoroutes, et certaines routes ne sont pas encore *goudronnées*. Dans le désert au Niger par exemple, il faut encore utiliser des *pistes*. Au Sénégal, on traverse certains fleuves par *bac*, car il n'y a pas de pont. Conduire une automobile dans ces conditions peut devenir un véritable *tour de force* et un sport!

Le logement 8

Une chaumière et un cœur

Introduction

Maison ou appartement? En France comme ailleurs, les gens préfèrent une maison avec un jardin, mais un appartement offre aussi des avantages. De toutes façons, maintenant en France on ne trouve presque plus à louer: *il faut acheter son logement sauf, bien sûr, pour les habitants à revenus modérés pour lesquels les HLM[1] ont été construites. Ces grands ensembles,[2] pourtant, traversent une crise et on parle de les détruire.*

En tout cas, la maison typique française ne ressemble ni au château de Versailles ni à une chaumière; *de plus en plus les architectes copient les maisons américaines, avec des différences intéressantes dans la* taille *et la disposition des pièces. Les goûts des Français varient beaucoup en matière de décoration et dans le choix de l'ameublement; les* appareils ménagers *sont de plus en plus utilisés.*

Et si vous n'avez pas les moyens d'acheter une résidence secondaire, *vous pouvez toujours rêver en lisant les* annonces immobilières *des revues françaises!.*

to rent
low income

thatched roof cottage
size

furniture / appliances
second (vacation) home
real-estate ads

Lectures d'information

La maison française

Maisons américaines, maisons françaises: elles se ressemblent et elles sont différentes. Les Français vivent plus souvent que les Américains dans un appartement, surtout dans les grandes villes. Les appartements à louer deviennent de plus en plus rares et on achète un appartement dans un immeuble, en *copropriété*.

La maison individuelle, entourée d'un jardin, est le rêve de presque tous les Français, et beaucoup de gens consacrent leurs *économies* de toute une vie à la réalisation de ce rêve. On construit ainsi beaucoup de cités modernes sur le modèle des ''tract houses'' américaines. Enfin, les Français qui en ont les moyens ont de plus en plus une résidence secondaire: une maison à la campagne, ou au bord de la mer, ou un châlet à la montagne.

Voici quelques détails sur les différences entre les maisons dans les deux pays:

• Les pièces dans une maison française

La cuisine est souvent très petite, surtout dans les vieux logements. Quand il y a une salle de bains, elle est aussi minuscule et il n'y a pas de *cabinets*.

condominium

savings

toilets

---

1. **HLM = habitation à loyer modéré:** low rent, large housing development.
2. **Grands ensembles =** HLM.

Porcher, les sanitaires qui ont le sens du décor.

to endure teasing
fresh / if necessary

(Ceux-ci occupent une pièce séparée.) Dans la salle de bains, vous trouverez un bidet, dont vous pourrez demander l'usage, au risque de *subir des moqueries gauloises*: ce n'est pas un cabinet, mais on peut *à la rigueur* s'y laver les pieds.

clothes closet / therefore

Dans une maison française (sauf dans les maisons très modernes de style américain) il n'y a pas de "family room". Les chambres sont souvent petites et ne contiennent pas de *penderie, d'où* l'usage fréquent des vieilles armoires.

• Les appareils ménagers

Les réfrigérateurs sont plus petits (et plus chers) qu'aux Etats-Unis, sans doute parce que beaucoup de Français vont tous les jours, ou au moins plusieurs fois par semaine, faire leur marché.

dishwasher / washing machines

Le *lave-vaisselle* devient de plus en plus populaire. Les *machines à laver* sont encore petites et elles font bouillir le linge; leur cycle est plus long que celui des machines américaines. Les *séchoirs* sont moins courants. On *étend le linge*

dryers / hangs clothes / clothes line

dans la salle de bains ou sur une *corde à linge,* sur le balcon, dans un appartement, ou au jardin, s'il y en a un.

Les *cuisinières* sont plus souvent électriques qu'à gaz. Les *fours à micro-ondes* sont pratiquement inconnus. La télé a des couleurs plus vraies, et l'image est plus nette.

• Clôtures et persiennes

Alors que dans certaines parties des Etats-Unis, il n'y a pas de séparation entre les maisons et qu'on passe d'un jardin à un autre, chaque maison française est entourée d'une *clôture* qui est un mur de pierres ou une clôture métallique avec une *grille* de fer. Les fenêtres de la maison sont garnies de *persiennes* en bois ou en métal qu'on ferme le soir et qu'on rouvre le matin: elles assurent une protection contre les voleurs et contre le froid; de toutes façons, en France, on aime bien «*être chez soi*».

stoves / microwave ovens

fence
gate
blinds

one's privacy

QUESTIONS

1. Quel est le rêve de tous les Français?   **2.** Qu'est-ce qu'une résidence secondaire?   **3.** Qu'est-ce qu'il y a dans une salle de bains française qui n'est pas dans une salle de bains américaine?   **4.** Nommez des appareils ménagers.   **5.** Qu'est-ce qu'il y autour des maisons françaises?   **6.** A quoi servent les persiennes?

La concierge

Autrefois, il y avait dans chaque immeuble un ou une concierge, qui était une véritable institution sociale. Cette personne, qui servait d'intermédiaire entre

Une concierge moderne distribuant le courrier

landlord / tenants
mail / household
  garbage

concierge's apartment

looking out on /
  courtyard

wool sweaters

cheers up

building

le *propriétaire* et les *locataires*, avait des fonctions diverses: ramasser l'argent du loyer, distribuer le *courrier* à chaque étage, s'occuper des *ordures ménagères*. Elle était en général chargée de la garde de l'immeuble. La nuit, elle «tirait le cordon», c'est-à-dire qu'elle ouvrait la porte d'entrée électriquement, à distance. Il fallait alors dire son nom en passant devant la *loge*, pour que la concierge soit sûre que ce n'était pas une personne étrangère qui entrait. Cette loge était un tout petit logement, situé tout à côté de la porte d'entrée, et *donnant* souvent *sur* une *cour* sombre. Des photographes ont fixé une image traditionnelle de la concierge parisienne typique: une vieille femme enveloppée de *lainages*, assise au soleil devant sa loge, entre son chat et le géranium qui *égaie* sa fenêtre. Elle vous regarde par-dessus ses lunettes d'un air soupçonneux car, informée de tout et de tous, elle surveille chaque personne qui entre ou sort de l'*immeuble* et elle connaît ainsi des tas de choses sur la vie privée de ses locataires. Quelle tentation de raconter, alors, à tout le monde ce qu'on a remarqué de choquant sur une personne! Une concierge est devenue

le synonyme d'une personne indiscrète, qui raconte des choses sur la vie
privée des gens.

De plus en plus, la concierge est remplacée par un gardien ou une
gardienne d'immeuble, ou tout simplement chaque locataire a sa clé de la
porte d'entrée. Les visiteurs peuvent communiquer de l'extérieur avec le locataire par le moyen de l'interphone, et après identification, on leur ouvre la
porte. Souvent, quand on loue un appartement (on dit aussi un appart'), on a
un grand nombre de clés: la clé de la porte d'entrée, la clé de la *boîte aux lettres*, **mailbox**
la clé de la *cave à rangement*, la clé du box pour la voiture, etc. Un personnage **storage space in basement**
pittoresque disparaît de la vie française pour être remplacé par un *trousseau de* **set of keys**
clés. C'est le progrès!

QUESTIONS   Terminez les phrases suivantes avec les renseignements que
vous trouverez dans la lecture «La concierge».

1. La concierge servait de...   2. Ses fonctions étaient...   3. *Tirer le cordon*
veut dire...   4. La concierge habitait dans...   5. La concierge connaît
beaucoup de choses sur ses locataires parce que...   6. Le mot *concierge* est
devenu synonyme de...   7. Dans les immeubles modernes cette personne est
souvent remplacée par...   8. Quand on a un appartement, on a maintenant
beaucoup de clés pour...

La crise des grands ensembles

Pendant de nombreuses années, les Français ont été mal logés: beaucoup de
logements avaient été détruits par les bombardements, pendant la Deuxième Guerre mondiale. Ceux qui restaient étaient vieux, souvent sans sal-
les de bains, sans *chauffage*. Des familles entières *s'entassaient* dans une **heat / piled up**
chambre d'hôtel ou dans une seule pièce. Pendant les années 60 on a con-
struit des HLM, avec salle de bains, chauffage et quelquefois *ascenseur*, qui **elevator**
représentaient alors un progrès pour les mal logés. Petit à petit, ces logements se sont détériorés; les familles à revenus modérés ont quitté ces
grands blocs de ciment, tristes, isolés, pour aller vivre dans une maison-
nette. A leur place se sont installés des familles d'immigrés, des *chômeurs*, **unemployed persons**
des cas sociaux, toute une population vraiment pauvre qu'on ne savait pas
où loger et qui n'avait pas d'autre choix. Ces familles ont souvent beaucoup
d'enfants et ne savent pas vivre dans des *tours*: beaucoup viennent d'Afrique **towers**
du Nord ou d'Afrique noire, où les conditions de vie et de logement sont
totalement différentes.

Pour les enfants et les jeunes il n'y a pas de travail, pas d'argent, pas
d'avenir et pas de possibilité d'en sortir: alors ils se révoltent, ils *cassent*, ils **break**
volent, ils brûlent; les ascenseurs ne marchent plus, on trouve des vieux *pneus* **tires**
ou des voitures volées qui *brûlent* dans la cour, les boîtes aux lettres sont **burn**
défoncées. Les *gosses*, sans occupation, jouent au rodéo avec leurs motos ou **smashed / kids**

moped

des grands ensembles

to solve

cafés / businesses

ethnic groups

help
schooling

leurs *solex* dans les rues qui entourent les barres.[3] Il y a eu des cas de suicides, des meurtres et des vols.

Dans une vingtaine de villes françaises, on propose tout simplement de détruire ces *cités dortoirs* au bulldozer. Mais est-ce une solution? Où logera-t-on ces pauvres gens? Hubert Dubedout, président de la Commission chargée de *résoudre* la crise des grands ensembles, dit: «Détruire les grosses barres, d'accord, mais il faut reconstruire des petits ensembles de bâtiments autour d'une cour où les mères pourront surveiller leurs gosses de la fenêtre de la cuisine; refaire des vraies rues qui mènent en ville; faire des boutiques, des *bistrots*, des petites *entreprises*; attirer dans ces petits ensembles des gens variés, des jeunes et des vieux, des gens qui travaillent et des gens qui ne font rien, pour créer une vraie ville dans la ville.»

Surtout il faut essayer d'adapter ces *ethnies* qui se sont installées en France et qui ne retourneront plus dans leur pays. Il faut les intégrer au système social français, installer un système d'assistance, d'*aide* à l'emploi, de contrôle social et surtout créer un *enseignement* spécialisé pour les jeunes.

C'est peut-être un programme ambitieux et utopique, mais il n'y a pas d'autre solution.

Adapté d'un article de *L'Express,* «Les tours maudites», par Michèle Georges

QUESTIONS   Dites si les déclarations suivantes sont vraies ou fausses. Si elles sont fausses, corrigez-les.

1. Il n'y avait pas beaucoup de logements en France après la guerre à cause des bombardements qui avaient détruit les villes.   2. Les HLM ont toujours des ascenseurs.   3. Les familles d'immigrés n'avaient pas de problèmes de logement.   4. Les enfants des familles pauvres expriment leur révolte en cassant, en volant et en brûlant.   5. Quelqu'un propose comme solution de faire des dortoirs pour ces enfants.   6. Il est préférable de construire des petits groupes de maisons que des grands ensembles.

---

3. **Les barres** are huge blocks of apartments, which look like long bars of cement.

Capsules

Rez-de-chaussée, entresol, minuterie

N'oubliez pas, quand vous entrez dans un immeuble français, que l'équivalent du "first floor" américain s'appelle le **rez-de-chaussée**, littéralement l'étage au même *niveau* que la rue. Alors, si vous prenez l'ascenseur, vous partez de R (= 1 aux Etats-Unis) pour monter au premier (= 2), au deuxième (= 3). Quelquefois il y a même un **entresol** (l'étage situé entre le rez-de-chaussée et le premier étage, surtout dans les vieux immeubles qui ont de très hauts *plafonds*).

    Et si vous montez (ou descendez) l'escalier à pied, rappelez-vous qu'il faut pousser le bouton électrique toutes les minutes pour avoir de la lumière. C'est la **minuterie**, une invention diabolique pour économiser l'électricité qui ne vous laisse pas beaucoup de temps pour arriver là où vous allez: souvent l'électricité *s'éteint* avant, et vous vous retrouvez dans le noir. Il est prudent de se munir d'une *lampe de poche* ou d'*allumettes*.

level

ceilings

turns off
flashlight / matches

La poubelle, le vide-ordures

Dans les grandes villes de France, on est souvent réveillé, tôt le matin, par les camions-poubelles.[4] C'est que les *ordures ménagères* sont *ramassées* plus souvent qu'aux Etats-Unis, tous les jours dans les grandes villes, deux fois par semaine dans les moins grandes. Dans les vieux appartements il faut descendre soi-même ses ordures et les *vider* dans une grande poubelle que le concierge place sur le bord du trottoir. Dans les immeubles modernes, il y a dans la cuisine ou sur le balcon un trou spécial où vous jetez vos papiers, vos *boîtes de conserve* vides. Le tout tombe directement dans une grande poubelle située au rez-de chaussée. Si vous habitez dans les étages du bas, cette *chute* d'objets variés est quelquefois un peu bruyante, mais le système est bien pratique!

garbage / picked up

to empty

cans
fall

QUESTIONS

1. Comment dit-on "first floor" en français?   **2.** Où se trouve un entresol?
3. Pourquoi la minuterie est-elle pratique? Quels inconvénients a-t-elle?
4. D'après qui la poubelle est-elle nommée?   **5.** Avec quelle fréquence

---

4. **La poubelle** = "garbage can". It was M. Poubelle, mayor of Paris, who made the use of garbage cans mandatory in 1884.

ramasse-t-on les ordures à Paris? **6.** Qu'est-ce qu'un vide-ordures? **7.** Où se trouve un vide-ordures? Est-ce pratique?

Lectures de distraction

Une visite à Sarcelles

Josyane, l'héroïne de Les petits enfants du siècle *quitte un jour la Cité où elle habite avec sa famille pour aller retrouver un ami dans un des grands ensembles, à Sarcelles. Voici l'impression qu'elle a quand elle voit ces bâtiments neufs.*

On arrive à Sarcelles[5] par un pont, et tout à coup, un peu d'en haut, on voit tout. Oh là! Et je croyais que j'habitais dans des blocs! Ça oui, c'étaient des blocs! Ça c'était de la Cité, de la vraie Cité de l'Avenir! Sur des kilomètres et des kilomètres et des kilomètres, des maisons, des maisons, des maisons. *Pareilles.* Alignées. Blanches.

alike

Encore des maisons. Maisons maisons maisons maisons maisons maisons maisons maisons maisons maisons, maisons. Maisons. Maisons. Et du ciel; une immensité. Du soleil. Du soleil plein les maisons, passant à travers, ressortant de l'autre côté. Des *Espaces Verts* énormes, propres, superbes, des tapis, avec sur chacun l'*écriteau* Respectez et Faites respecter les *Pelouses* et les Arbres.

lawns and trees
sign / lawns

Les *boutiques* étaient toutes mises ensemble, au milieu de chaque rectangle de maisons, *de façon que* chaque bonne femme ait le même nombre de *pas* à faire pour aller prendre ses nouilles;[6] il y avait même de la justice. Un peu à part étaient posés des beaux chalets entièrement *vitrés*, on voyait tout l'intérieur en passant. L'un était une bibliothèque, avec des tables et des chaises modernes *de toute beauté*; on s'asseyait là et tout le monde pouvait vous voir en train de lire; un autre en bois imitant la campagne était marqué: «Maison des Jeunes et de la Culture»;[7] les Jeunes étaient dedans, garçons et filles, on pouvait les voir rire et s'amuser, *au grand jour*.

shops
so that / steps

full of windows

très belles

openly

Ça c'est de l'architecture. Et ce que c'était beau! J'avais jamais vu autant de *vitres*... C'était beau. Vert, blanc. Ordonné. On sentait l'organisation. Ils avaient tout fait pour qu'on soit bien, ils s'étaient demandé: qu'est-ce qu'il

windows

---

5. **Sarcelles** is a town in the suburbs of Paris where there is a famous, huge HLM.
6. **Prendre ses nouilles** = literally, "to fetch her noodles." It implies that all the women in these buildings cook the same things every day and have no imagination.
7. **Maison de Jeunes et de la Culture** is an entertainment and cultural center for young people, established in large towns and subsidized by the government in the 1960s.

faut mettre pour qu'ils soient bien? et ils l'avaient mis. Ils avaient même mis de la diversité: quatre grandes tours, pour varier le *paysage;* ils avaient fait des petites *collines*, des *accidents de terrain*, pour que ce ne soit pas monotone; il n'y avait pas deux chalets pareils; ils avaient pensé à tout, pour ainsi dire on voyait leurs pensées, là, posées, avec la *bonne volonté*, le désir de bien faire, les efforts, le *soin*, l'application, l'intelligence, jusque dans les plus petits détails. Ils devaient être *rudement fiers* ceux qui avaient fait ça...

landscape

hills / hills

good will

care

vraiment / proud

Extrait de *Les Petits Enfants du siècle*, par Christiane Rochefort.

QUESTIONS

1. Qu'est-ce qu'il y a de remarquable à Sarcelles?   **2.** Quand Josyane arrive à Sarcelles, elle répète «maisons, maisons» plusieurs fois. Quel est l'effet de cette répétition?   **3.** Quel est l'aspect qui impressionne le plus Josyane? **4.** Qu'est-ce que c'est qu'une Maison des Jeunes et de la Culture? **5.** Qu'est-ce que les architectes ont fait pour varier le paysage? **6.** L'admiration de Josyane pour Sarcelles est-elle justifiée? Est-elle simplement dûe au fait que Josyane n'a jamais rien vu d'autre?

La maison idéale

Dans son livre Savoir revivre, *Jacques Massacrier donne des conseils de vie simple, loin des villes et des industries; il prêche une sorte de «retour à la nature». Dans l'extrait qui suit, il étudie les qualités que doit avoir une maison pratique.*

Le choix. Il suffit de sortir des villes en *évitant soigneusement* les *circuits touristiques* pour découvrir de merveilleuses régions complètement laissées à l'abandon. Des fermes sont à vendre pour le prix d'une voiture, des villages entiers pour le prix d'un appartement en ville. Evidemment il n'y a ni électricité, ni gaz, ni *eau courante... tant mieux!* Les *charges qu'impliquent* les éléments du confort moderne sont trop élevées pour les avantages qu'on en retire: l'eau recyclée et *javellisée* du *robinet*, les gadgets électriques, etc.... et puis ces éléments sont incompatibles avec une *reprise de contact direct* avec la nature et entretiennent un état de dépendance *flagrant vis-à-vis* de l'industrie.

avoiding / carefully / scenic drives

running water / so much the better / the inconveniences that come with chlorinated / faucet getting in touch again obvious / towards

Les qualités de la maison. La maison doit comporter une grande pièce qui est le centre d'activité; l'idéal est de pouvoir y installer un coin-cuisine à une extrémité et une cheminée à l'autre extrémité. En hiver c'est la seule pièce vraiment chauffée; dans les climats où l'hiver est *rigoureux* on doit même pouvoir y coucher. En dehors de cette pièce on peut *prévoir* quelques chambres en fonction du nombre de gens qui habitent la maison... L'*étanchéité* du toit et des ouvertures est la condition essentielle pour passer l'hiver (*bien à l'abri*), même en pays chaud où les pluies sont généralement torrentielles. Une maison de rêve en plein été peut devenir *invivable* en hiver. Faites les travaux nécessaires avant la saison des pluies.

hard

make provision for

water-tightness

well-sheltered

unlivable

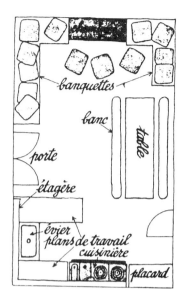

Grande pièce commune

log

radiant heat / the area
  around it

coal

   Le chauffage. La cheminée. En regardant brûler une *bûche* on éprouve une sensation de confort et de calme. Mais la cheminée ne diffuse qu'une *chaleur rayonnante* limitée à ses *abords;* pendant les grands froids, elle ne sera pas suffisante pour conserver une température raisonnable dans une grande pièce à moins d'avoir une grande cheminée et une énorme provision de bois. La cuisinière à bois ou à *charbon* est de loin le système le plus efficace et le plus économique. Vous chauffez la pièce en même temps que vous faites la cuisine.

   La cuisine. Installez-la dans la pièce la plus confortable de la maison; c'est l'endroit où on passe le plus de temps, surtout l'hiver. C'est le centre vital de la maison.

Extrait de *Savoir revivre* de Jacques Massacrier

QUESTIONS Choisissez le groupe de mots qui complète le mieux les débuts des phrases suivantes.

1. Il y a beaucoup de maisons à vendre
  a. sur les circuits touristiques.
  b. dans les régions laissées à l'abandon.
  c. en ville.

2. Pour J. Massacrier, si la maison a l'électricité, le gaz et l'eau courante,
  a. c'est un avantage.
  b. c'est incompatible avec une reprise de contact direct avec la nature.
  c. c'est tant mieux.

3. La pièce principale de la maison doit être
    a. une petite cuisine sous un toit.
    b. une grande cuisine où on peut dormir.
    c. une grande chambre à coucher.

4. Le charme d'une cheminée vient
    a. de l'étanchéité.
    b. de la sensation de confort.
    c. de la chaleur rayonnante.

5. La cuisinière à bois est efficace parce que
    a. c'est le meilleur chauffage par un hiver rigoureux.
    b. on fait la cuisine et on se chauffe en même temps.
    c. la cuisine est meilleure cuite au bois.

6. Les éléments suivants ne sont pas indispensables dans une cuisine:
    a. les plans de travail.
    b. des étagères.
    c. des banquettes.

Exercices de vocabulaire

A. Répondez aux questions suivantes en utilisant des mots de la liste:

un château	une chambre d'hôtel	une tente
un châlet	une HLM	un ascenseur
une caravane	une ferme	une cuisine

  1. Où habite un nomade du Sahara?
  2. Où habite une famille de travailleurs immigrés?
  3. Où loge une famille qui fait du ski à la montagne?
  4. Où habitent des gitans (*gypsies*)?
  5. Où habite un cultivateur dans une région agricole?
  6. Où habitait le Roi Louis XIV?
  7. Où habitait une famille française après la guerre?

B. Mettez dans l'espace vide le mot de la liste qui convient.

la concierge	la clôture	les boutiques
les ordures	les persiennes	la grille
les annonces immobilières	pièces	le propriétaire
	les grands ensembles	

  1. Ce château est immense; il contient cinquante _____.
  2. _____ est une personne chargée de la surveillance de l'immeuble.
  3. A Paris, _____ sont ramassées tous les jours.

4. Pour trouver un logement à louer, commencez par lire ____ dans le journal.

5. Pour se protéger des voleurs et du froid, on ferme ____ tous les soirs.

6. Autour de chaque maison il y a ____ pour être bien chez soi.

7. Beaucoup de chômeurs et d'immigrés vivent dans ____

C. Voici trois pièces: la cuisine; la chambre à coucher; la salle de séjour (*living room*). Dites quels objets de la liste suivante vont dans chaque pièce, et quels objets n'appartiennent à aucune pièce.

le canapé

le lit

le buffet

l'armoire

la poubelle

la commode

le réfrigérateur

le plan de travail

le four à micro-ondes

la cuisinière

le piano

le bidet

la chaîne HiFi

le lavabo

la cheminée

l'étagère pleine de
livres

le miroir

A votre tour

1. Où habitez-vous? dans un appartement, dans votre maison, dans une maison avec vos parents, dans une maison d'étudiants? Dites pourquoi vous aimez ou vous n'aimez pas votre situation.

2. Si vous pouviez avoir une résidence secondaire, où aimeriez-vous l'avoir? Comment voyez-vous cette maison? Décrivez-la.

3. D'après vous, quelle est la pièce la plus importante d'une maison? Pourquoi?

4. Vous êtes transporté, par une machine à revenir en arrière dans le temps, dans l'année 1000 et vous habitez dans une chaumière. Quels sont les éléments du confort de la maison moderne qui vous manquent le plus?

Interviews

1. Demandez à un(e) camarade comment est l'appartement, la maison ou la chambre où il (elle) habite. Est-il vieux (vieille)? moderne? pratique? confortable? calme? bruyant(e)? Posez des questions sur le décor, le confort, le chauffage, les lampes, l'ensoleillement, l'emplacement des magasins, la proximité des cinémas, etc.

2. Vous êtes en France pour un an et vous allez voir un agent immobilier pour louer un appartement. L'appartement qu'on vous présente est vieux, pas pratique et vous critiquez tout. Jouez la scène avec un(e) camarade. Il n'y a pas d'eau courante, pas de gaz, pas d'ascenseur (l'appartement est au 5ème étage); il n'y a pas de vide-ordures, l'appareil de chauffage est cassé, etc....

Discussions orales ou écrites

1. Quels avantages et quels inconvénients trouvez-vous aux maisons françaises comme on vous les décrit dans les lectures? Préférez-vous les maisons américaines? Expliquez votre choix.

2. Est-il préférable d'avoir une concierge ou une porte qui s'ouvre automatiquement et un trousseau de clés?

3. Comparez la situation des HLM françaises et des ghettos américains. Y a-t-il des raisons similaires dans les deux pays qui causent la violence et la révolte des mal logés?

4. Appartement ou maison individuelle? Donnez les avantages et les inconvénients des deux et indiquez vos préférences.

5. Vous vous présentez aux élections dans votre quartier et vous présentez à vos électeurs un programme de destruction des grands ensembles pour les remplacer par des petits immeubles ou des maisons individuelles. Donnez vos raisons, vos arguments et vos plans. Par exemple: les grands ensembles favorisent l'inaction chez les jeunes et la délinquence; dans des petites maisons, on se sent davantage «chez soi»; etc.

Activités

1. Avec l'aide de vos camarades, imaginez une maison de l'an 2000. Elle a toutes sortes de gadgets électroniques, des robots qui font tout le travail. Décrivez cette maison.

2. Vous êtes en charge de créer une nouvelle ville de 50.000 habitants. Comment la disposez-vous? Pensez aux écoles, aux bâtiments administratifs, etc. Votre budget est illimité. Faites le plan de cette ville. N'oubliez pas: la poste, la bibliothèque, les théâtres, les cinémas, les espaces verts, les magasins, les terrains de sport, les maisons des jeunes et de la culture.

3. Demandez à vos camarades dans quel type de logement inhabituel chacun a eu l'occasion de vivre. Faites un concours du logement le plus bizarre, rustique, exotique, extraordinaire. Suggestions: une ferme, un château, une vieille maison sans confort, une hutte de montagne, un bus de camping, un igloo, etc.

Coup d'œil sur le monde francophone

huts

Au Sénégal il y a un contraste énorme entre une ville comme Dakar, ville moderne, dont les cubes blancs brillent sous le soleil, et les *cases* modestes où des familles d'agriculteurs vivent dans une seule pièce.

L'écologie et la pollution

Pitié, j'étouffe!

Introduction

wreck / crude oil /
  offshore / tide

Depuis le naufrage d'un cargo chargé de mazout au large des côtes de Bretagne, qui a causé l'affreuse «marée noire», l'opinion publique est devenue plus consciente des dangers de la pollution et de la nécessité de préserver la beauté des sites. La pollution de l'air par les gaz d'échappement, la lente détérioration de la pierre des vieux monuments, la présence de produits nocifs, détergents ou déchets nucléaires dans l'air et dans l'eau des rivières ont alarmé les pouvoirs publics.

exhaust fumes

harmful / refuse, waste

set up

En France, tout un programme a été mis sur pied pour sauver les monuments historiques, pour préserver certaines plantes et animaux qui disparaissent, pour éduquer le public et surtout les enfants: création de parcs nationaux, contrôle des dépotoirs illégaux, réglementation de la circulation des voitures dans les centres-villes, etc.

dumps / control

Les Français ont été longtemps négligents ou indifférents à ce problème. Mainte-nant les écologistes sont nombreux et forment même un parti politique avec lequel il faut compter.

Lectures d'information

Les Français ont de mauvaises habitudes

unpleasant

once
greasy / paper plates
bottle tops / shells
bushes

L'expérience la plus *désagréable* que peut avoir un ami de la nature, c'est de se promener dans un joli coin et d'y rencontrer des signes de pollution. Il y a encore trop de pique-niqueurs qui oublient, *une fois qu'*ils ont fini leur repas, de mettre dans un sac en plastique leurs papiers *gras*, leurs *assiettes en carton*, leurs bouteilles vides et les *capsules*, les pots de yaourt, les *coquilles* d'œufs, etc. Toutes ces ordures sont jetées dans les *buissons* ou à l'endroit même où les pique-niqueurs se sont assis pour déjeuner. Croyez-vous que les campeurs aiment vraiment la nature quand ils se lavent ou lavent leurs vêtements dans une rivière, dans l'eau d'un lac, sans penser que les détergents tuent les petits poissons et détruisent les jeunes plantes qui poussent au bord du *rivage?* Que dire des propriétaires de voitures qui profitent d'une *balade* à la campagne pour changer l'huile de leur moteur et laissent un coin d'herbe pollué de taches noires, de boîtes vides? Et quand l'envie les prend de nettoyer leur voiture, on trouve aussi des traces du *cendrier* qu'on a vidé, de l'eau *savonneuse*, des *chiffons* sales.

shore
ride

ashtray
soapy / rags
fires
dry weeds
pieces of glass

Tous les ans, dans le Midi de la France, il y a des *incendies* de forêts causés par des allumettes, des cigarettes jetées dans les *broussailles sèches*, et par des *bouts de verre* cassé: le soleil s'y est reflété et a joué le rôle de miroir.

QUESTIONS

1. Après un pique-nique dans la nature, quels signes de pollution peut-on trouver?   2. Quand on fait du camping, qu'est-ce qu'il ne faut pas faire pour polluer la rivière?   3. Qu'est-ce qu'on trouve quelquefois dans la nature à l'endroit où un propriétaire de voiture a changé l'huile de son moteur?   4. Qu'est-ce qui peut causer des incendies de broussailles?   5. Comment un morceau de verre peut-il déclencher un incendie?

La pollution de l'environnement par l'automobile

L'invention de l'automobile a été d'abord *accueillie* avec enthousiasme et a peu à peu complètement changé le mode de vie des habitants de presque tous les pays du monde: on pouvait *se déplacer* vite et loin! Mais depuis quelques années on *se rend compte* des dangers de la voiture. Il y a bien sûr les accidents de la route, qui chaque année tuent et blessent des centaines de milliers de personnes. Ajoutez à cela les problèmes de stationnement dans les grandes villes et, surtout, l'énervement causé par les *embouteillages* quand les voitures roulent très lentement, aux *heures de pointe*... Mais un autre problème existe aussi: celui de la pollution de l'environnement!

Vous avez tous remarqué, dans les grandes villes, le "smog," ce *brouillard jaunâtre* qui irrite les yeux et la gorge: ce sont les gaz toxiques émis par les automobiles qui en sont la cause. La Californie a pris des mesures pour *atténuer* l'importance de ce problème en faisant installer sur les voitures un appareil spécial qui diminue la quantité de ces gaz toxiques et en interdisant d'ajouter *du plomb* à l'essence.

La France *n'en est pas encore là* et la pollution automobile devient un problème de plus en plus grave.

Les pierres des vieux monuments de Paris, par exemple, risquent de se détériorer totalement. André Malraux, Ministre de la Culture sous la présidence du Général de Gaulle, a commencé dans les années 60 un programme pour sauver ces monuments menacés. On «*ravale*» les pierres, c'est-à-dire qu'on les nettoie, qu'on les aère en y faisant des *trous;* et on *frotte* la pierre pour lui rendre sa couleur originale. Notre-Dame, l'Arc de Triomphe et de nombreux immeubles sont redevenus blanc-gris, beiges, roses au lieu de rester noirs.

Mais est-ce suffisant? La pollution automobile représente aussi un danger pour notre santé et pour notre bien-être. Plusieurs villes qui ont des rues étroites et mal adaptées à la circulation à leur centre ferment ces rues: on a

welcomed

to go from one place to another
realizes

traffic jams
rush hour

haze
yellowish
to reduce

lead
has not yet reached that point

resurfaces
holes / scrubs

pedestrian areas

outskirts

step

maintenant des «*zones piétonnes*»—les voitures y sont interdites et doivent stationner à la *ceinture* de la ville; un service gratuit d'autobus permet de circuler dans le centre-ville. C'est un *pas* dans la bonne direction.

QUESTIONS   Terminez les questions suivantes en vous inspirant du texte précédent:

1. Le smog dans les grandes villes est causé par... **2.** On arrive à rendre la couleur originelle à la pierre des vieux monuments en... **3.** Un moyen de limiter la pollution causée par le gaz d'échappement des voitures est de... **4.** Une «zone piétonne» est... **5.** Les voitures doivent stationner... **6.** André Malraux était... **7.** Voici ce que Malraux a fait pour sauver des monuments français de la destruction:

Capsules

La marée noire

storms

tanks / split open / spread out

Il y a plusieurs années, de grosses *tempêtes* au large des côtes de Bretagne et d'Angleterre ont causé les naufrages de cargos qui transportaient du mazout. Les *citernes* de ces bateaux *ont crevé* et des tonnes de mazout *se sont répandues*

Des volontaires essayent de nettoyer la plage après la marée noire.

sur les belles plages de la côte bretonne. On a appelé ces désastres écologiques «la marée noire». Ainsi le naufrage de l'Amoco Cadiz en 1977 a pollué 200 kilomètres de plages. Des milliers d'oiseaux sont morts, empoisonnés par le mazout qu'ils *avalaient* en essayant de nettoyer leur *plumage*. D'autres ont perdu leur imperméabilité et sont morts de froid, bien que des équipes de *secouristes bénévoles* aient essayé de les sauver en les *nettoyant* avec de l'huile végétale, en les faisant manger de force et en les réchauffant avec des *lampes à infrarouge*. Des amis de la nature ont aussi essayé, souvent en vain, de nettoyer avec des *pelles* et des détergents les plages et les rochers recouverts d'une *couche* épaisse, noire et *gluante*. Cette belle côte de Bretagne est restée défigurée pendant longtemps.

swallowed / feathers

helpers / volunteer / cleaning
heat lamps

shovels
layer / sticky

Autres sources d'énergie

Notre société moderne a besoin de plus en plus d'énergie! Mais les réserves de pétrole et de charbon ne sont pas *inépuisables*. Les *barrages*, comme celui de Donzère-Mondragon en France, ne produisent qu'un faible pourcentage de l'énergie nécessaire. Les *centrales nucléaires* sont contestées: plusieurs «accidents» montrent en effet qu'elles représentent toujours un certain danger. C'est pourquoi plusieurs pays s'intéressent au développement de nouvelles sources d'énergie. En France, à La Rance et au Mont Saint-Michel, on a construit des usines qui produisent de l'électricité en utilisant la force de la marée. On essaie également de *capter* l'immense énergie du soleil: le *four* solaire du Mont Louis dans les Pyrénées en est un exemple. Et n'oublions pas que depuis très longtemps le vent a servi à faire marcher les *moulins*... C'est une autre source d'énergie que l'on commence à étudier sérieusement aux Etats-Unis, en France, et dans beaucoup d'autres pays.

inexhaustible / dams

nuclear power plants

to tap
furnace

windmills

QUESTIONS

1. Qu'est-ce que c'est que la marée noire?   2. Comment sont morts les oiseaux?   3. Comment les secouristes ont-ils essayé de les sauver?   4. Nommez quelques sources d'électricité.   5. Pourquoi les centrales nucléaires sont-elles contestées?   6. Qu'est-ce qu'on a construit à la Rance et au Mont Saint-Michel pour produire de l'électricité?   7. Comment l'énergie du vent est-elle utilisée?

Four solaire dans les
Pyrénées

Lectures de distraction

Conseils aux enfants

En France, depuis quelques années, on a créé un Ministère de l'Environnement, qui distribue des *brochures* et des conseils, aux enfants surtout, pour leur apprendre à respecter la nature et leur enseigner la religion du respect des bêtes et des plantes. Voici les conseils qu'on leur donne:

leaflets

- Ne pas détruire, comme le font beaucoup d'enfants, les *fourmis*, les *scarabées* et les *coccinelles*, ainsi que les autres insectes intéressants à observer ou utiles dans les jardins.

ants / beetles
ladybugs

- Ne pas déranger les œufs dans les *nids* ou les petits oiseaux.

nests

- Ne pas toucher les jeunes animaux (un jeune *faon*, par exemple): leur mère ne les voudrait plus et les abandonnerait.

fawn

- Ne pas tuer les serpents: ils ne sont pas tous *méchants*.

venomous

- Ne pas ramasser plus de crabes ou de *moules* qu'on va en manger.

mussels (shellfish)

- Ne pas attraper les *papillons, sauf si* c'est pour une collection.

butterflies / except if

- Ne pas *cueillir* systématiquement les fleurs *sauvages*: certaines sont devenues si rares qu'on n'en trouve plus; comme l'edelweiss dans les Alpes.

to gather / wild

- Ne pas donner de *coups de pied* dans les *champignons*.

kicks / mushrooms

- Ne pas casser les jeunes branches en *bourgeons*.

buds

- Ne pas graver son nom ou un dessin au couteau sur un arbre.

Adapté d'un article de *Paris-Match*

QUESTIONS Dites si ces déclarations sont vraies ou fausses. Si elles sont fausses, corrigez-les.

1. Le Ministère de l'Environnement s'intéresse à la pollution. **2.** Les enfants aiment détruire les insectes. **3.** Les fourmis sont des insectes nuisibles. **4.** Si on caresse un jeune faon, sa mère ne le veut plus. **5.** Tous les serpents sont méchants. **6.** Il ne faut jamais attraper les papillons. **7.** L'edelweiss est une fleur très rare dans les Alpes. **8.** Il est recommandé de graver son nom au couteau sur un arbre.

Biodegrrr... ou quelque chose comme ça!

Un jour, un jeune Américain, ami de la nature, se promène dans les collines de Provence. Il marche par les petits *sentiers bordés* de mimosas et de thym sauvage. Il campe dans les *cabanes de pierre* que les *bergers* ont construites pour

paths / lined with
stone huts / shepherds

to find shelter

s'abriter; il s'arrête souvent dans les villages, parle avec les paysans, partage leur fromage sec, leurs olives, leur petit vin rosé. Il adore ce pays, son caractère rude, ses habitants.

runs

depressing

cardboard boxes / rotten

shreds / tires / scattered / hanging

garbage

while

trunk

Un jour, il arrive dans une petite vallée pittoresque où *coule* une rivière, mais à un endroit près de la route un spectacle *déprimant* l'attend: un dépotoir illégal. Des papiers, des bouteilles de plastique, des *cartons pourris*, des *lambeaux* de chiffons, des *pneus* sont *éparpillés* ou *accrochés* aux branches des arbres et des buissons et défigurent le paysage. Le jeune homme est choqué. Comment peut-on être inconscient à ce point? Les gens qui ont jeté ces *ordures* dans ce coin charmant n'ont aucun respect pour la beauté du paysage. *Tandis qu'*il contemple ce désastre avec tristesse, une voiture arrive et se gare tout près du dépotoir. Un homme en sort, et ouvrant le *coffre*, tire des boîtes pleines d'ordures, qu'il se prépare à jeter.

to stand / jumps up

Le jeune Américain ne peut plus *y tenir*. Il *bondit* et crie:

—Monsieur, Monsieur, non, s'il vous plaît, ne jetez pas ces ordures ici. Regardez tout ce qu'il y a déjà.

L'homme s'arrête surpris et dit:

—Eh bien, justement, un peu plus, un peu moins...

—Oh, mais, Monsieur. Ce paysage est si beau, était si beau. Ce n'est pas dommage de le défigurer? Tout ce plastique, ce verre, ce carton, ne sont pas "biodegradable." Je... je... ne sais pas le mot en français.

allow yourself

—Bio, bio degrrrr, quoi? Qu'est-ce que vous dites? Mais d'abord vous n'êtes pas français, alors, pourquoi *vous permettez-vous*...

—C'est vrai, je suis américain. Mais j'aime votre pays et je suis triste, indigné, de voir des ordures dans une belle nature comme la vôtre.

—Mais dites donc, dit le monsieur furieux, si vous vous occupiez d'abord de votre pays et de votre pollution à vous? Et la nature, vous ne la détruisez

factories

pas non plus dans votre pays avec vos *usines*?

Le jeune homme est désolé. Comment expliquer à cet homme qu'il n'approuve pas toujours le développement économique qui conduit à la destruction des beautés naturelles de son pays, et qu'il se sent, devant la nature,

backpack

citoyen du monde... Ce serait trop long à expliquer. Il prend son *sac à dos* et s'éloigne tristement. Il remonte sur la route et se dirige vers le village voisin. Il

honks the horn

slows down / next to him

marche quelques minutes et il entend une voiture derrière lui, qui *klaxonne*, *ralentit* et s'arrête *à sa hauteur*. Une voix crie:

—Eh, attendez, attendez!

car door

C'est l'homme aux ordures, qui ouvre la *portière*, se penche et lui parle.

—Tenez, regardez! Je les remporte, mes ordures; je les déposerai au dépotoir municipal. Ça me fera faire dix kilomètres de plus. Vous voyez qu'on n'est pas si méchant en France! Allez, montez avec moi, je vous paie un pastis![1] Et puis vous m'expliquerez ce mot: biodegrrrr quelque chose!

---

1. **Un pastis** is a licorice-flavored liquor that is popular in southern France.

QUESTIONS   Complétez chaque affirmation avec la réponse juste.

1. En Provence, le jeune homme aime
   a. la nature.
   b. les grands repas.
   c. les villas de vacances.

2. Un dépotoir illégal, c'est un
   a. garage à voitures.
   b. magasin de drogues.
   c. dépôt d'ordures.

3. Le jeune homme s'indigne
   a. contre l'homme qui jette des ordures n'importe où.
   b. contre quelqu'un qui se gare de façon illégale.
   c. contre quelqu'un qui ne respecte pas les Américains.

4. L'homme est furieux
   a. parce que le jeune homme veut lui donner une leçon.
   b. parce que sa voiture est tombée en panne.
   c. parce qu'il y a des ordures dans la rivière.

5. A la fin de l'histoire
   a. l'homme jette quand même ses ordures dans la rivière.
   b. l'homme dépose ses ordures au dépotoir municipal.
   c. l'homme comprend le sens du mot *biodegradable*.

Planète verte ou désert stérile?

Il est peut-être encore temps de choisir

Depuis des millions d'années, les forêts tropicales de l'Asie du Sud-Est, de l'Amérique latine et de l'Afrique sont les laboratoires chimiques, les jardins botaniques et les zoos naturels de la Terre. Aujourd'hui nous les détruisons à une telle *cadence* que dans 25 ans *il ne restera plus que* des *lambeaux* des forêts immenses de Malaisie et d'Indonésie.   [rate / there will only be left / bits and pieces]

Parce qu'elles *poussent* surtout sur des *sols* tropicaux pauvres et sont tributaires, pour leurs éléments nutritifs et leur reconstitution, du cycle naturel établi entre les arbres et les animaux, ces forêts sont irremplaçables. Dès que les arbres sont *abattus*, l'érosion du sol entre en action et, en quelques années, ce qui était forêt devient désert.   [grow / soils] [cut down]

Nous aurons perdu pour toujours la plus grande richesse en plantes et en animaux de la Terre, notre ressource naturelle d'avenir la plus *inestimable* sans doute. Le *pire* est que cela frappe des régions où la misère est déjà synonyme de *famine*.   [priceless] [the worst] [hunger]

Quel avenir attend cet enfant de Malaisie?

narrow-mindedness
put an end to
to show

C'est là, probablement, le problème de conservation le plus grave de notre temps. La destruction résulte de l'ignorance, de *l'étroitesse d'esprit* et de la demande croissante des consommateurs. Mais nous pouvons *y mettre fin* si nous sommes assez nombreux à *manifester* notre volonté.

Extrait d'une annonce de *World Wildlife Fund International*

QUESTIONS

1. Où se trouvent les zoos naturels de la terre?   2. Pourquoi ces forêts sont-elles irremplaçables?   3. Qu'arrive-t-il dès que les arbres sont abattus? 4. Pourquoi est-ce plus grave de perdre ces forêts que d'autres?   5. Qu'est-ce qui cause cette destruction?   6. Pourquoi la photo est-elle particulière-ment pathétique?   7. Décrivez le paysage et imaginez les pensées de l'enfant.

Exercices de vocabulaire

A. Complétez les phrases suivantes avec un mot ou expression de la liste:

ordures	marée noire	poissons
zone piétonne	pétrole	écologistes
graver	naufrage	secouriste
oiseau	incendie	centrale nucléaire
pique-niqueurs	plantes	cueillir

1. On appelle _____ des personnes qui se soucient de préserver la nature.
2. Beaucoup de _____ ne ramassent pas leurs papiers gras, leurs bouteilles vides, leurs assiettes en carton.
3. C'est une grosse tempête qui a causé le _____ de l'Amoco Cadiz.
4. Une couche épaisse de pétrole s'est répandue sur la côte, causant une _____.
5. Dans certaines villes, les voitures ne circulent pas au centre et la _____ leur est interdite.
6. Il ne faut pas _____ son nom au couteau sur un arbre: cette action peut le détruire.
7. Quand on lave son linge dans une rivière, le savon risque de tuer les _____ et de détruire les _____.

B. Refaites les phrases suivantes avec un antonyme du mot ou de l'expression en italique.

1. L'opinion publique est *de moins en moins* consciente des dangers de la pollution. («Introduction»)
2. La voiture *accélère* devant lui. («Biodegrrr...»)
3. Il s'est arrêté à un endroit *loin de* la route. («Biodegrrr...»)
4. Toutes ces ordures sont *ramassées* dans les buissons. («Les Français ont de mauvaises habitudes»)
5. Les hommes ont *détruit* la maison. («La pollution... par automobile»)
6. Il s'éloigne *joyeusement*. («Biodegrrr...»)
7. Les villes aux rues *larges* sont *bien* adaptées à la circulation. («La pollution...»)
8. La situation s'améliorera *en permettant* le stationnement des voitures. («La pollution...»)
9. On a essayé, *avec succès*, de nettoyer les plages. («La marée noire»)
10. On trouve beaucoup de chiffons *propres* au bord des rivières. («Les Français out de mauvaises habitudes»)

C. Dans chaque série de mots suivant, trouvez le mot qui n'appartient pas à la même catégorie. Dites pourquoi.

1. **a.** le plastique
   b. un pneu
   c. les ordures ménagères
   d. le verre

2. **a.** l'edelweiss
   b. les oranges
   c. le thym
   d. le mimosa

3. **a.** un sac à dos
   b. une tente
   c. un réfrigérateur
   d. des chaussures de marche

4. **a.** une centrale nucléaire
   b. un four solaire
   c. un barrage
   d. une moule

5. **a.** une fourmi
   b. un chien
   c. un scarabée
   d. un papillon

A votre tour

1. Quels signes de pollution remarquez-vous dans votre ville ou dans votre région?
2. Quelles sont les plantes ou les animaux qui vous semblent le plus en danger dans votre région?
3. Croyez-vous qu'appartenir à un mouvement écologiste, comme le Sierra Club, peut améliorer les problèmes de la pollution? Pourquoi?
4. Pensez-vous qu'il soit justifiable d'attraper des insectes ou des animaux pour une collection? Pourquoi?
5. Que faites-vous personnellement pour diminuer la pollution?
6. Quelles autres sources d'énergie sont utilisées dans votre région?

Interviews

1. Vous êtes journaliste et vous faites un reportage sur la pollution. Vous rencontrez dans la campagne une personne qui est en train de nettoyer sa voiture avec des détergents au bord d'une rivière, de changer son huile, de vider son cendrier. Que lui dites-vous? Jouez la scène avec un(e) camarade.
Vous: Il y a des stations-service et des lave-autos. Vous polluez la rivière. Pensez aux petits poissons...
La personne qui nettoie sa voiture: Je veux faire des économies. Tout le monde le fait, alors, pourquoi pas moi? Occupez-vous de vos affaires...
2. Vous interviewez le président du Sierra Club pour savoir quels changements le club a pu effectuer pour améliorer l'environnement. Jouez la scène avec un(e) camarade.

Discussion orale ou écrite

Dans certains cas, les Américains sont plus conscients de l'environnement, mais les Français sont plus soucieux d'économie. Par exemple, en France on éteint la lumière quand on quitte une pièce, aux Etats-Unis ce n'est pas toujours le cas. Cela veut-il dire que les Français se soucient davantage de conserver l'énergie que les Américains? Pourquoi?

D'un autre côté, les voitures vendues en Californie sont équipées d'un convertisseur catalytique qui diminue la pollution causée par les gaz d'échappement. Les automobiles françaises n'ont pas cet appareil. Les Américains s'intéressent-ils donc davantage à l'écologie que les Français? Pourquoi?

Activités

1. **Jeu écologique.** Etes-vous le parfait écologiste? Répondez par *OUI* ou *NON* aux différentes questions suivantes:

	OUI	NON
1. Vous fumez dans la nature?	——	——
2. Vous emportez votre transistor partout?	——	——
3. Vous videz l'huile de votre voiture dans une rivière?	——	——
4. Vous cueillez toutes les fleurs que vous rencontrez?	——	——
5. Vous marchez sur les champignons?	——	——
6. Vous cassez les branches des arbres pour en faire une canne ou un arc *(bow)*?	——	——
7. Vous jetez les bouteilles vides dans la poubelle *(garbage can)*?	——	——
8. En automne, vous mettez les feuilles mortes dans des sacs?	——	——
9. Le soir, vous laissez toutes les lumières allumées?	——	——
10. Vous utilisez votre voiture chaque fois que vous devez vous déplacer?	——	——

Donnez-vous 2 points pour chaque réponse négative et 0 point pour chaque réponse positive.

Si vous avez 20 points: Vous êtes un écologiste né.

16 points: Vous êtes conscient des problèmes.

10 points: Vous ne faites pas assez d'efforts pour préserver l'environnement.

6 points: Vous êtes un ennemi de la nature.

0 point : Vous n'avez pas le droit de vivre sur cette planète.

2. Vous êtes le jeune Américain de l'histoire. Dans des circonstances semblables, réagiriez-vous de la même façon?

ou

Vous êtes l'homme qui va se débarrasser de ses ordures. Quelle serait votre réaction si un jeune étranger vous disait de ne pas faire cela? Avec un(e) camarade de classe, jouez la scène.

.

La chanson 10

Poussons la chansonnette!

Introduction

lullabies / goes back as
   far as / Middle Ages

On dit souvent qu'en France tout commence et tout finit par des chansons. Les enfants ont les leurs: berceuses, danses ou jeux. La chanson ancienne *remonte au Moyen-Age. La chanson moderne imite souvent les chansons américaines, comme le rock, ou bien elle est poétique, littéraire. Enfin c'est par des chansons que les Français expriment leur opposition au régime politique, à la guerre, aux institutions bourgeoises.*

on the billboards

Les chanteurs et les chanteuses français voyagent et donnent des «shows» à l'étranger. Yves Montand, Nana Mouskouri et beaucoup d'autres sont à l'affiche *des grands music-halls de Broadway, Chicago et San Francisco. Mais en France, depuis vingt ans c'est Johnny (Johnny Halliday) qui est le roi du rock.*

Lectures d'information

La chanson enfantine

surrounded by / as soon
   as they are born /
   rocked / go to sleep
   (baby talk)

Les enfants français sont *entourés* de chansons; *dès leur naissance* ils sont *bercés* en chansons:
     «*Fais dodo,* Colas, mon petit frère...»

puppets

Ils apprennent à reconnaître leurs mains en écoutant leur maman chanter:
     «Ainsi font, font, font, les petites *marionnettes.*»
Plus tard les petites filles, dans les cours d'écoles maternelles, dansent en chantant:
     «Sur le pont, d'Avignon, on y danse, on y danse...
     Sur le pont d'Avignon, on y danse tout en rond...»
Et aussi:

laurels

     «Nous n'irons plus au bois, les *lauriers* sont coupés...
     Entrez dans la danse...»
Garçons et filles apprennent à nommer les parties du corps en répétant:

lark

     «*Alouette,* gentille alouette,

will pluck

     Alouette, je te *plumerai*...
     Je te plumerai la tête,... et le dos,... et le cou...»
Et encore:
     «Savez-vous planter les choux,
     A la mode, à la mode...

the way we do it at home

     A la mode de chez nous.

elbow

     On les plante avec les doigts... avec le *coude,*... avec les pieds...»

thanks to

Ils apprennent les noms des vêtements *grâce à* la chanson:
     «Promenons-nous dans les bois

wolf

     Pendant que le *loup* n'y est pas...

are you ready?

     Loup, *y es-tu*, m'entends-tu?

Je mets mes chaussettes,... mon pantalon,... ma chemise...»
Et tous, à l'*école maternelle,* chantent en chœur: kindergarten
  «Frère Jacques, Frère Jacques, dormez-vous, dormez-vous?
  Sonnez les matines, sonnez les matines,
  Din, don, din; din, don, din!»   ding, dong, ding
  Ces chansons enfantines, les adultes ne les oublient pas et elles restent dans
leurs mémoires, associées souvent aux plaisirs et aux jeux *sans soucis* de l'enfance.   carefree

QUESTIONS

1. A quel âge les enfants commencent-ils à être entourés de chansons?
2. Que chante-t-on à des enfants pour les faire dormir?   **3.** Qu'est-ce qu'on
fait sur le pont d'Avignon?   **4.** Par quelle chanson est-ce que les enfants
apprennent à nommer les parties du corps?   **5.** Qu'est-ce que les enfants
apprennent en chantant: «Promenons-nous dans les bois....»?   **6.** Pourquoi
est-ce que les adultes n'oublient pas les chansons enfantines?

La chanson ancienne

Peu d'auteurs de chansons contemporaines ont su composer des airs et des
paroles dont le charme soit au niveau des chansons anciennes. Dans les   lyrics
mariages ou les réunions de famille, à l'occasion d'un baptême, d'une première communion, à la fin du repas quand tout le monde se met à *«pousser la*   to sing a song
chansonnette», ce sont presque toujours les vieilles chansons qui reviennent.
Et, souvent, même les chanteurs contemporains les mettent à leur répertoire.
  «Plaisir d'amour, ne dure qu'un moment,
  Chagrin d'amour dure toute la vie...»   sorrow
Yves Montand, Nana Mouskouri et, aux Etats-Unis, Joan Baez finissent
souvent un concert par cette charmante mélodie.
  Les plus *émouvantes* des chansons anciennes sont celles qui parlent d'amours   moving, sad
contrariées, généralement par la guerre. Souvent les deux *amants* décident de   hindered / lovers
mourir ensemble. Ecoutez ce que dit la chanson «Ne pleure pas Jeannette!»

«Ne pleure pas Jeannette
Nous te *marierons*
Avec le fils d'un prince
Ou celui d'un baron

Je ne veux pas d'un prince
Encore moins d'un baron
Je veux mon ami Pierre
Celui qu'est[1] en prison

Tu n'auras pas ton Pierre
Nous le *pendouillerons*   will find a husband for /
                            will hang (old French)
Si vous pendouillez Pierre
Pendouillez-moi z'avec[2]

Et l'on pendouilla Pierre
Et sa Jeannette avec.»

---

1. **Qu'est** = qui est.
2. **Z'avec:** The z' is there for ease of pronunciation (liaison).

Yves Montand en concert

misery

Beaucoup de chansons chantent la *détresse* des amants séparés par le départ du soldat, par la captivité ou par la mort. Souvent la femme ne sait même pas ce qui est arrivé à son mari, à son fiancé: il n'est jamais revenu et elle ne s'en console pas. Ou bien le mari revient après bien longtemps: sa femme s'est remariée et a des enfants et il repart sans rien dire. D'un autre côté la chanson plus optimiste promet à la jeune femme un autre amour.

swear / faithfulness

Les chansons où les deux amants se *jurent fidélité* alternent avec celles où l'amour est impossible parce que les deux amoureux appartiennent à des classes sociales différentes: la fille du Roi ne peut pas épouser un jeune *tambour*.

drummer boy

Les chansons sexistes abondent: les filles doivent obéir à leur père, rester à la maison et ensuite obéir à leur mari. Mais on entend aussi les paroles *es-piègles* du Gentil *Coquelicot* et l'insolence de *Corbleu* Marion, qui montrent que les femmes de la campagne et du Moyen-Age en France étaient plus libérées qu'on ne le croit.

mischievous / poppy / by Jove!

nightingale

Ecoutez ce que le *rossignol* a dit à la jeune fille du Gentil Coquelicot:

«...que les hommes *ne valent rien*.

are worth nothing

...des demoiselles il me dit beaucoup de bien.»

Et ailleurs on entend:

«Ah! Que les femmes sont bêtes
D'obéir à leur mari.»

Enfin, il y a des chansons qui s'adressent aux différents corps de métier, et qui aidaient sans doute les travailleurs à se mettre le cœur à l'ouvrage. Bien sûr, les chansons les plus populaires sont toujours les chansons «à boire».

«*Boire un petit coup* c'est agréable   *to have a drink*
Boire un petit coup c'est doux
Mais il ne faut pas rouler dessous la table.

Si je meurs je veux qu'on m'*enterre*   *bury*
Dans une cave où il y a de bon vin.» (*Les Chevaliers de la Table Ronde*)

Si les chansons anciennes sont l'expression spontanée de l'*âme* d'un   *soul* peuple, la variété de ces thèmes nous donne du caractère français une image pleine de contradictions, mais d'une richesse *inépuisable*.   *inexhaustible*

QUESTIONS   Choisissez le mot ou l'expression qui complètent le mieux les phrases suivantes:

1. Les vieilles chansons françaises les plus émouvantes parlent de(d')
   a. la nature.
   b. amours contrariées.
   c. politique.

2. En France on aime chanter à l'occasion d'
   a. un mariage.
   b. une partie de cartes.
   c. un dîner d'affaires.

3. Les chansons anciennes les plus populaires sont
   a. des chansons sexistes.
   b. des chansons à boire.
   c. des chansons d'amour.

4. Le rossignol de la chanson «Gentil coquelicot» dit que
   a. les hommes ne valent rien.
   b. les femmes sont bêtes.
   c. les demoiselles doivent obéir.

La chanson moderne

Les chansons qui ont été écrites dans les années 50 et 60 et même au début des années 70 sont souvent très poétiques: elles présentent une richesse de thèmes très variés: l'amour, l'humour, l'*engagement* et la politique. *En re-*   *commitment / on the* *vanche*, depuis une dizaine d'années, la chanson française manque beaucoup   *other hand* d'originalité. En général, les compositeurs n'ont plus d'imagination, les thèmes sont d'une grande *banalité*, et il y a souvent des vulgarités. Voici   *triteness* quelques exemples et des thèmes qui reviennent souvent. Jugez par vous-mêmes!

mixture of French and English

• On trouve des références constantes à l'Amérique et on utilise le *franglais*: un chanteur a «le woman blues», un autre «dream in blue». Le chanteur Renaud (c'est son nom unique) écrit et chante:

pout

> «You was really beautiful
> In the middle of the foule
> Don't let me sinon I *boude*
> My loving, my marshmallow
> You are belle and I are beau...
> C'est parc'que you are me and I am you
> I wanted to marry with you
> And make love very beaucoup...»

On se demande où Renaud a appris l'anglais!

betrays

• Un autre thème courant, c'est l'idée que la vie ne tient pas ses promesses, qu'elle vous *trahit*, vous abandonne. Ceci est plus identique aux chansons tristes et poétiques de tous les temps et de tous les pays.

just anybody / fill

• Le thème de la solitude revient souvent. Ils ont si peur d'être seuls, ces enfants perdus et abandonnés, qu'ils souhaitent désespérément trouver quelqu'un, *n'importe qui,* pour *meubler* leur solitude. C'est un peu semblable à ce qu'on entend en Amérique. Voici un extrait d'une chanson écrite par D. Barbelivien et C. Lemesle, chantée par Caroline Verdi:

pinball machine; fate
le jeu / liar

hug

besides / expect

> «Quelqu'un, dans la nuit je cherche quelqu'un
> Sur le *flipper* des magiciens
> Au *poker menteur* du destin
> Quelqu'un, j'ai tellement besoin de quelqu'un
> Quelqu'un qui prend le bonheur par la main, pour
>   la vie ou pour un *câlin.*
> Quelqu'un pas n'importe qui mais quelqu'un
> Un artiste ou un bohémien
> Un amour venu de si loin
> Je l'appellerai simplement quelqu'un
> Un homme ou un enfant je veux bien
> Celui pour qui enfin je deviendrai vraiment quelqu'un
> Quelqu'un qui *à part* nous deux n'*attend* rien
> Qui regarde passer les trains
> Quelqu'un qui ne cherche pas mais qui vient
> Quelqu'un, je sais bien à qui j'appartiens
> A un inconnu, un martien qui répond au nom de
>   quelqu'un
> Quelqu'un n'importe qui mais quelqu'un.»

Quand on sait que la musique et la chanson jouent un rôle important dans la vie des adolescents à cause de la radio, des walkmans, des juke-boxes et des discos, on se demande quel sera le résultat de cette lamentation constante, de ces messages de défaite et de désespoir: exorcisme ou indulgence dans la faiblesse?

QUESTIONS Dites si les déclarations suivantes sont vraies ou fausses. Si elle sont fausses, corrigez-les.

1. La chanson française jusqu'en 1975 avait beaucoup d'humour et d'originalité. **2.** La chanson moderne depuis dix ans est très optimiste et distinguée. **3.** Le chanteur Renaud parle très bien l'anglais. **4.** Les chansons de tous les pays et de tous les temps disent que la vie ne tient pas ses promesses. **5.** Aux Etats-Unis, les chansons modernes n'expriment pas du tout les mêmes besoins que les chansons françaises.

La chanson engagée

En face des chansons «personnelles» qui révèlent les sentiments de leurs auteurs, solitude, amours contrariées, abandon, besoin d'*évasion*, ou besoin simplement de compagnie, on trouve dans d'autres chansons des sujets plus sérieux et plus universels qui se rapportent à des problèmes sociaux et politiques: c'est la chanson engagée. Leurs auteurs affirment des opinions souvent en contradiction avec les idées du gouvernement et des autorités. Ce n'est pas un *trait* récent mais une tradition qui *remonte* aux débuts de la chanson française et qui garde sa popularité et sa *force*. Les thèmes qui reviennent le plus souvent dans ces chansons politiques sont la guerre et la révolte contre l'ordre établi.

escape

feature / goes back to
strength

L'attitude antimilitariste s'exprime souvent si violemment que certaines chansons ont été *interdites* pendant longtemps à la radio par un gouvernement conservateur. C'est le cas du «Déserteur» par Boris Vian et de «Nuit et Brouillard»[3] par Jean Ferrat. (Cette dernière chanson a été écrite sur les camps de concentration, mais elle offensait les Allemands à un moment où la France souhaitait un rapprochement avec l'Allemagne.) L'antimilitarisme d'autres chansons était moins violent et ces chansons sont passées *sur les ondes*: «La Colombe» de Jacques Brel et «La Guerre de 14–18» de Georges Brassens.

forbidden

à la radio
dove

Dans d'autres chansons on trouve une prise de position sur des événements politiques de l'époque: «Portugal» de Moustaki (sur la fin du régime totalitaire de Salazar et l'*avènement* de la démocratie); «Maria» de Jean Ferrat (sur la guerre civile en Espagne); «Parachutiste» de Maxime Le Forestier (à propos d'un jeune parachutiste forcé d'aller faire la guerre en Algérie).

coming

On trouve aussi des descriptions de misères sociales et de révolte contre le système judiciaire. «Les Canuts», chanson chantée par Yves Montand, décrit la condition misérable des ouvriers de la *soie* à Lyon:

silk

«C'est nous les canuts
Nous sommes tout *nus*.»

naked

───────

3. **Nuit et brouillard** is an expression that refers to concentration camps where everything was "night and fog."

shit

Dans «*Merde* à Vauban», Léo Ferré rappelle la vie sans espoir d'un prisonnier dans l'île de Ré, dans un fort sinistre construit par Vauban, l'architectre célèbre du 17ème siècle.

free thinking

Enfin plusieurs auteurs expriment leurs idées simplement anti-conformistes et affirment une position d'indépendance, de *libre-pensée* en face des traditions bourgeoises strictes et conservatrices.

is moved by
reproachful

Jacques Brel, dans «Les Bourgeois», se moque des gens établis, conservateurs, hypocrites et stupides. Dans «Les bancs publics», Georges Brassens *s'attendrit sur* les jeunes amoureux qui s'embrassent sous le regard *réprobateur* des bourgeois.

rebellious

C'est à travers ces chansons engagées que se manifeste et que se perpétue l'esprit critique, *frondeur*, rebelle des Français.

QUESTIONS

1. Quels sont les thèmes qui reviennent souvent dans la chanson engagée?
2. Pourquoi la chanson «Nuit et Brouillard» a-t-elle été interdite sur les ondes?   3. Nommez trois événements politiques sur lesquels la chanson française a pris position.   4. De quoi parle-t-on dans «Les Canuts»?
5. Qu'est-ce que Jacques Brel pense des «Bourgeois»?   6. Quel aspect de l'esprit français est révélé dans la chanson engagée?

Capsule

La naissance d'un tube

hit song / such and such

Comment naît un *tube*? Pourquoi *telle ou telle* chanson devient-elle plus populaire qu'une autre? Ses qualités musicales, l'originalité du texte, la voix et la personnalité de son interprète jouent bien sûr un certain rôle. Mais il y a autre chose: en France, aussi bien qu'en Amérique, en écoutant la radio, on *remarque* qu'une chanson passe, passe et repasse continuellement sur les ondes. On finit par s'y habituer, par la *fredonner*, par la trouver très bien... et par décider d'aller acheter le disque! C'est le résultat du *matraquage* radiophonique orchestré par les compagnies de disques et les *meneurs de jeu* d'*émissions* radiophoniques! C'est ainsi que grâce à la radio une chanteuse, comme France Gall, est devenue l'idole des jeunes sans s'être jamais produite en public! C'est la *force* de la publicité qui réussit à nous convaincre d'acheter des produits *inconnus* et *inutiles* et de croire que sans eux il nous est impossible d'être heureux.

notices

to hum
plugging
D.J.s
programs

strength
unknown / useless

Lectures de distraction

«Le Déserteur» *(Boris Vian)*

Boris Vian (1919–1959) a écrit des romans, des chansons et des poèmes. Cette chanson décrit les sentiments d'un jeune homme qui refuse d'aller à la guerre.

Monsieur le Président
Je vous fais une lettre
Que vous lirez peut-être
Si vous avez le temps

Je viens de recevoir
Mes *papiers militaires*   draft papers
Pour partir à la guerre
Avant mercredi soir

Monsieur le Président
Je ne veux pas la faire
Je ne suis pas sur terre
Pour tuer des pauvres gens

C'est pas pour vous *fâcher*   to make mad
Il faut que je vous dise
Ma décision est prise
Je m'en vais déserter

Depuis que je suis né
J'ai vu mourir mon père
J'ai vu partir mes frères
Et pleurer mes enfants

Ma mère a tant souffert
Qu'elle est *dedans* sa tombe   *dans*
Et se moque des bombes
Et se moque des vers

Quand j'étais prisonnier
On m'a volé ma femme
On m'a volé mon âme
Et tout mon cher passé

Demain de bon matin
Je fermerai ma porte
Au nez des années mortes
J'irai sur les *chemins*   *les routes*

will beg	Je *mendierai* ma vie Sur les routes de France De Bretagne en Provence Et je dirai aux gens

Refusez d'obéir
Refusez de la faire
N'allez pas à la guerre
Refusez de partir

blood	S'il faut donner son *sang* Allez donner le vôtre Vous êtes bon apôtre Monsieur le Président

go after	Si vous me *poursuivez* Prévenez vos gendarmes Que je n'aurai pas d'armes
to shoot	Et qu'ils pourront *tirer*.

QUESTIONS

1. Que doit faire un jeune homme qui a reçu ses papiers militaires?   **2.** Où est la mère du jeune homme? Que lui est-il arrivé?   **3.** Résumez les malheurs de ce jeune homme.   **4.** Que va faire le déserteur? Où va-t-il aller? **5.** Comment va-t-il vivre?   **6.** Que va-t-il dire aux autres gens?   **7.** Que font les gendarmes quand ils trouvent un déserteur?

Pourquoi Johnny?

Depuis vingt-cinq ans il est l'idole des jeunes Français fous de rock. Son vrai nom est Jean-Philippe Smet, mais on le connaît sous le nom de Johnny Hallyday. C'est le roi du rock, le hippie, le Hell's Angel et maintenant «le vieux rocker» comme il se qualifie lui-même. Il pense qu'il a eu de la chance de s'adapter à toutes les modes et, comme Elvis Presley aux Etats-Unis, de captiver les foules et de garder, de renouveler ses fans au long des années. Beau garçon, plein de santé, de gaieté et de jeunesse, il dit lui-même:

un homme (slang) / *les enfants* (slang)

«Une idole, c'est un *mec* à qui les *mômes* ont envie de ressembler. Le talent n'a rien à voir.»

consciousness awakening

put together

pleine

Il a chanté, très prudemment, ces thèmes classiques: l'amour et la solitude, mais maintenant, à près de 40 ans, après une *prise de conscience*, il se renouvelle, et il chante la peur, la violence. Et surtout il travaille ses shows comme un technicien. Un des derniers spectacles qu'il *a montés* a coûté 15 millions de francs et ne lui a presque rien rapporté, même si la salle du Palais des Sports à Versailles était *comble* tous les soirs.

stage director	Son *metteur en scène* est allé jusqu'en Californie et en Floride pour rapporter
special effects / curtain	les derniers *truquages* en pratique dans les studios. *Rideau* de pluie de vingt-
storms	cinq mètres tombant sur scène, *orages* électriques, montagne de voitures
burnt	*calcinées*... Johnny disparaît chaque soir dans un nuage après sa crucifixion et
is resuscitated	*ressuscite* à la troisième minute pour chanter un poème sur la 7ème symphonie

Son *metteur en scène* est allé jusqu'en Californie et en Floride pour rapporter les derniers *truquages* en pratique dans les studios. *Rideau* de pluie de vingt-cinq mètres tombant sur scène, *orages* électriques, montagne de voitures *calcinées*... Johnny disparaît chaque soir dans un nuage après sa crucifixion et *ressuscite* à la troisième minute pour chanter un poème sur la 7ème symphonie de Beethoven.

travaille

shows off on his bike / *Kawasaki, une motocyclette* / ring

Pour qu'un show soit parfait, il répète, il *bosse*. Il se lève à l'heure où il s'est si souvent couché (le matin), *caracole* pour la forme sur sa grosse *Kawa* rouge, et revient vite vers les six musiciens anglais qui l'attendent. Un petit *anneau* d'or à l'oreille, ses cheveux décolorés bien jaunes mais qui deviendront d'or sous les projecteurs. En T-shirt et blue-jean, il répète, il répète. Pendant les *répétitions* des *dopants* innocents: café, *miel*, Contrex.[4]

rehearsals / stimulants / honey

modérés
predicting the future

Son directeur artistique et de «conscience corporelle», qui lui prescrit footing, jogging et bodybuilding, lui écrit maintenant des textes bien *sages* et *prémonitoires*.

«Quand je serai un souvenir de rocker
Alors je serai sage pour vous et mort pour moi.»

to retire

half-god / howling / tightly dressed leather

En attendant de *prendre sa retraite* (peut-on chanter le rock à soixante-dix ans?), il se transforme chaque soir en *demi-dieu hurlant, moulé* dans son armure de *cuir* noir, Conan le Barbare ou Mad Max,[5] et électrise les foules.
Mad Johnny!

Adapté d'un article de *L'Express* «Pourquoi Johnny?» par Danièle Heymann

QUESTIONS   Choisissez la fin de la phrase qui complète le mieux les déclarations suivantes.

1. Johnny Hallyday est vraiment
  a. anglais.
  b. français.
  c. américain.

2. C'est le roi
  a. de la musique classique.
  b. du rock.
  c. du jazz.

3. Johnny a
  a. 25 ans.
  b. 30 ans.
  c. 40 ans.

---

4. **Contrex**, for Contrexéville: famous brand of mineral water.
5. **Conan le Barbare** and **Mad Max** are heroes found in popular ''macho'' comic books and science fiction films.

4. Johnny a aussi d'autres métiers:
   a. il est technicien.
   b. il est metteur en scène.
   c. il est directeur du Palais des Sports.

5. A son dernier show
   a. il a gagné 15 millions de francs.
   b. il a perdu 15 millions de francs.
   c. il n'a presque rien gagné.

6. Dans un show typique
   a. il arrive en scène sur une moto.
   b. il représente Jésus et monte au ciel crucifié.
   c. il est toujours très calme et maintient sa dignité.

7. Beaucoup de jeunes font de Johnny leur idole
   a. parce qu'ils veulent lui ressembler.
   b. parce qu'il porte leur marque de jeans favorite.
   c. parce qu'il a un anneau d'or à l'oreille.

Exercices de vocabulaire

A. Voici des mots qu'on confond facilement. Dans les phrases suivantes, mettez le mot qui convient:

quelqu'un *(somebody)*   n'importe quoi *(just anything)*
quelques-uns *(several, pronoun)*   n'importe quand *(anytime)*
plusieurs *(several, adjective)*   n'importe où *(anywhere)*
n'importe qui *(just anyone)*

1. Je cherche _____ qui parle français.
2. Elle va dans les magasins et elle achète _____.
3. _____ chanteurs ont mis cette chanson à leur répertoire.
4. Trouvez-vous des thèmes identiques à la chanson américaine? —Oui, j'en trouve _____.
5. La solitude de ce jeune homme est pathétique: il sort avec _____.

B. Dans les phrases suivantes, remplacez les mots en italique par un synonyme qui se trouve dans ce chapitre.
   1. Les chansons anciennes sont d'une richesse *qui n'a pas de limites.* («La chanson ancienne»)
   2. Que vas-tu faire ce week-end? —*Je travaille.* («Pourquoi Johnny»)
   3. Tous les *enfants* ont une idole. («Pourquoi Johnny»)
   4. Dans ce spectacle, les *effets spéciaux* sont formidables. («Pourquoi Johnny»)

5. Dans un mariage, à la fin d'un repas, tout le monde *commence à* chanter. («La chanson ancienne»)

6. L'esprit *frondeur* des Français se révèle dans la chanson engagée. («La chanson engagée»)

7. La chanson «Le déserteur» a été interdite *sur les ondes*. («La chanson engagée»)

C. Dans les groupes suivants, il y a un nom ou une expression qui n'appartient pas à la même catégorie. Trouvez-le et dites pourquoi ce mot est différent des autres.

1. a. le déserteur
   b. les papiers militaires
   c. le gendarme
   d. le bourgeois

2. a. la tête
   b. le dos
   c. le coude
   d. la plume

3. a. le café
   b. le thé
   c. le chocolat
   d. le miel

4. a. un coucher de soleil
   b. un orage électrique
   c. une montagne de voitures
   d. un rideau de pluie

5. a. l'amour
   b. l'ordre établi
   c. le système judiciaire
   d. le conformisme

A votre tour

1. Quelle est votre chanson française préférée? Pourquoi?

2. Quelle est votre chanson américaine préférée? Pourquoi?

3. Si vous chantez, quand chantez-vous? En vous lavant, en faisant le ménage, en courant, en marchant, en travaillant? Si vous ne chantez pas, savez-vous pourquoi? Vous chantez faux *(out of tune)*? Vous êtes inhibé(e)? Etc.

4. Quelles chansons enfantines américaines connaissez-vous? Qu'est-ce qu'elles vous ont appris? Qu'est-ce qu'elles évoquent pour vous?

5. Pourquoi, à votre avis, le rock n' roll est-il si populaire? Quel message contiennent les chansons de rock n' roll?

6. Quel type de musique écoutez-vous quand vous êtes triste, joyeux(euse), déprimé(e) optimiste?

7. Quels effets produisent sur vous certains types de musique: chansons populaires, enfantines, musique disco, musique classique, etc?

Interview

Vous êtes une vedette internationale (Mick Jagger, David Bowie?) et vous débarquez à l'aéroport de Paris. Vous répondez aux questions des journalistes (le reste de la classe) qui vous demandent comment vous travaillez, quel sport vous faites, ce que vous mangez, combien de temps vous dormez par nuit, qui vous aimez, etc.

Discussions orales ou écrites

1. Y a-t-il une chanson engagée, politique aux Etats-Unis? Pensez à Bob Dylan, Pete Seeger, Joan Baez, Joni Mitchell et aux thèmes suivantes: la guerre, les pauvres, l'antiétablissement, etc. Comment est-ce qu'elle ressemble à la chanson engagée française? Comment diffère-t-elle?
2. Comparez les thèmes des chansons françaises actuelles et ceux des chansons américaines. Y a-t-il des ressemblances? des différences? Pouvez-vous trouver dans vos chansons américaines préférées des thèmes originaux?

Activités

1. Avec deux ou trois autres étudiants, essayez d'écrire en français une chanson sur une mélodie populaire américaine.
2. Quelles sont les vedettes actuelles de la chanson américaine? Faites un sondage et donnez à ces vedettes un ordre de préférence.
3. Faites une sélection de vos chansons françaises favorites et présentez-les à vos camarades, sur disques ou sur cassettes, avec vos commentaires.
4. Vous organisez un show pour votre idole de la chanson. Imaginez des truquages et des effets de mise en scène sensationnels et spectaculaires: rideau de pluie, brouillard, escaliers immenses, paysages futuristes, etc.

Coup d'œil sur le monde francophone

take their place

Jacques Brel, qui est d'origine belge, et Félix Leclerc, qui est d'origine canadienne, sont parmi les chanteurs du monde francophone qui sont devenus célèbres en France. Ils *se rangent* facilement côte à côte des chanteurs français bien connus, comme Jean Ferrat et Edith Piaf.

La publicité et la bande dessinée 11

Pour les jeunes de 7 à 77 ans

Introduction

confine, limit

supposed / household
  preoccupations

billboards

comic strip / comic
  books
rebellious

La publicité des magazines féminins français cantonne *les femmes dans ce qui est* censé être «*leur» domaine: beauté, mode, cuisine et* soucis ménagers. *Les magazines plutôt masculins présentent des images de voitures, de cognac, de cigarettes, d'objets de luxe. Toutes les photos sont très luxueuses et souvent illustrent des scènes humoristiques. Comme aux Etats-Unis, on trouve de la publicité partout en France: dans le métro, sur des grandes* affiches *dans les rues et le long des autoroutes, au cinéma et à la télévision.*

La bande dessinée *et les* illustrés *français sont une industrie très lucrative. Ils expriment l'humour du peuple français et son esprit* frondeur. *Faisons la connaissance de Tintin, d'Astérix et des autres.*

Lectures d'information

La publicité dans les magazines

magazines / respects

praised / attractive

la publicité

face

reducing
hair removing wax

underwear / bra

brand
swimming suits

food
preserves / frozen food

cleansers

La publicité des *revues* françaises est intéressante à plusieurs *égards* et on peut se poser des questions: (1) Quels sont les produits qui reviennent fréquemment et dont la qualité est *vantée* en images *séduisantes?* (2) Peut-on en tirer des conclusions sur le public que la publicité essaie de toucher et sur les chances de succès qu'elle trouve parmi les lecteurs? Prenons par exemple trois ou quatre magazines parmi les plus lus: «Elle» et «Marie-Claire», revues féminines; «Paris-Match», qui correspond à «Life» aux Etats-Unis; et «l'Express», qui ressemble beaucoup à «Time».

Dans les journaux féminins, voici les images de *réclame* qu'on trouve en très grande quantité, par ordre d'importance:

1. Produits de beauté de toutes sortes, mais surtout crèmes pour le *visage*, crèmes pour le corps et crèmes *amincissantes*, parfums, shampooings et colorants pour les cheveux, *cire à épiler*

2. *Sous-vêtements* de femmes, surtout *soutien-gorge*

3. Vêtements, robes et pantalons d'une certaine *marque*, d'une certaine boutique, et *maillots de bain*, quand la belle saison approche

4. *Produits alimentaires* et plats préparés, comme une huile d'une certaine marque (Lesieur), des *conserves* ou des *surgelés*, du café, de l'eau minérale (Contrex, Evian, Perrier)

5. Des appareils ménagers: cuisinière (Philips), lave-vaisselle et *produits d'entretien*

On trouve en nombre modéré des publicités pour:

1. Des sous-vêtements ou des vêtements masculins

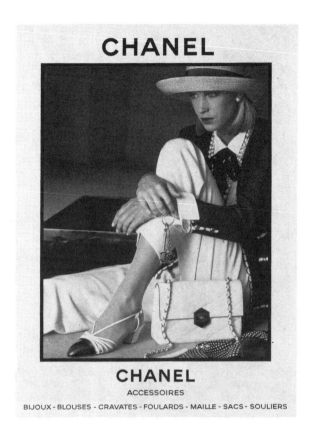

2. Des bijoux de luxe

3. Des bagages, des souliers et des sacs

Dans ces mêmes magazines féminins, on rencontre très peu de publicité sur l'auto, la cigarette, les livres et les voyages. Cela montre que la publicité tend à cantonner les femmes dans des domaines assez *restreints:* leur beauté, la maison, la cuisine.   limited

Dans «Paris-Match», la revue la plus lue en France, voici les genres de publicité qu'on note:

1. Des voitures, en grande quantité, et de toutes catégories, même des voitures étrangères: Mercedes, Mitsubishi

2. Des cigarettes, mais surtout des marques de luxe (pas les populaires Gitanes ou Gauloises)

3. Des articles chers comme les Must de Cartier, ou des *briquets* en or   cigarette lighters

4. Enfin, beaucoup de publicité pour le Cognac, le Courvoisier—ces *digestifs*   after-dinner drinks distingués et chers

Dans «l'Express» on retrouve la réclame pour des voitures et des cigarettes de luxe, mais aussi des montres chères (Rollex, faites en Suisse), du whiskey, des compagnies d'aviation (Air France, Swissair), des livres, des voyages, et une section très importante sur l'*immobilier,* achat de maisons de vacances,   real estate

résidences secondaires, appartements en copropriété, à la montagne ou à la mer.

Tous ces magazines ont un point commun: les photos de publicité y sont d'une très grande qualité artistique. Si on les compare avec la publicité américaine, on note des ressemblances dans les idées, les situations: une très belle femme très *déshabillée* est *allongée* sur le *capot* d'une voiture. Un homme très "macho" fume une certaine marque de cigarette. Un couple s'embrasse amoureusement et c'est une publicité pour un parfum. Mais en France, plus fréquemment qu'aux Etats-Unis, les images publicitaires sont humoristiques, la situation comique et parfois *osée* et suggestive. (On peut dire que la société française est dans certains domaines moins inhibée que la société américaine.) Verrait-on dans une revue américaine une photo comme celle-ci, pour faire vendre une marque de sous-vêtements d'hommes: trois femmes qui déshabillent un homme de force? *Shocking!*

Enfin, un autre détail: à part la publicité des journaux féminins qui vante des produits *abordables*, celle des autres revues comme «Paris-Match» et «l'Express» s'adresse à des gens qui ont beaucoup d'argent. Les autres gens moins riches? Elle les fait rêver, leur donne des envies qui ont peu de chances d'être un jour satisfaites.

Marginal glosses:
undressed / lying / hood
daring
Shameful!
affordable

QUESTIONS

1. Quelle sorte de produits reçoit le plus de publicité dans les journaux féminins?   **2.** Quels produits alimentaires sont vantés par la publicité? **3.** Qu'est-ce qui reçoit le moins de publicité dans les revues féminines? **4.** Dans «Paris-Match» et «l'Express» quel genre de publicité note-t-on? **5.** Quel point commun ont toutes ces publicités?   **6.** A quel public s'adresse la publicité de produits comme les briquets en or, les Must de Cartier, le Cognac?

La publicité à la télé, à la radio, dans le métro

La publicité envahit tous les domaines de la vie quotidienne; à la télé, à la radio, dans les transports publics, les marchands veulent avoir l'occasion de vanter leurs produits.

Si vous allez en France, vous aurez une bonne surprise en regardant la télé: les programmes ne sont pas interrompus par la publicité, en tout cas pas sur les trois chaînes contrôlées par l'état. Les chaînes de Luxembourg et de Monte-Carlo, qui sont indépendantes, ressemblent beaucoup aux chaînes américaines et présentent des programmes *subventionnés* par des produits ali-   sponsored
mentaires, des marques de voitures, des parfums, etc. Toutes les dix ou quinze minutes on arrête alors l'*émission* pour présenter une petite scène commer-   program
ciale. Sur les trois chaînes françaises, il y a un peu de publicité quand même,

mais les scènes courtes qui vantent tel ou tel produit sont groupées en «spots publicitaires» et présentées avant l'émission, ou entre deux programmes.

C'est un avantage: on n'est pas frustré, comme souvent aux Etats-Unis, par une interruption au moment crucial d'une dramatique,[1] ou en pleine action d'un film. Mais il y a un inconvénient aussi: si l'émission est *palpitante*, impossible de la quitter pour aller faire une excursion au réfrigérateur, ou ailleurs...

A la radio, c'est encore différent. Il n'y a aucune publicité sur les chaînes subventionnées par l'état, mais il y en a abondamment sur les radios *périphériques:* Luxembourg, Europe 1, qui sont très écoutées.

A Paris, les couloirs du métro sont très utilisés pour les affiches, les murs des quais présentent d'immenses panneaux, souvent drôles: la plus célèbre depuis longtemps est le DUBO–DUBON–DUBONNET, qui *astucieusement* imite, quand on répète la formule, le rythme du train!

Enfin, attendez-vous, si vous allez au cinéma, à subir trois ou quatre minutes de petites scènes publicitaires entre le court sujet ou le docu, ou le *dessin animé* et le grand film. Les caramels ou l'*esquimau* que vous aurez achetés à l'*entracte* vous aideront à les supporter!

QUESTIONS   Terminez les phrases suivantes avec les renseignements que vous trouverez dans le texte.

1. Sur les trois chaînes françaises de télé, les publicités sont présentées...
2. L'absence d'interruption du programme de télé par une publicité a l'inconvénient de...   **3.** La publicité Dubo–Dubon–Dubonnet est effective parce que...   **4.** Quand on va au cinéma il y a de la publicité...

Capsules

Schtroumpfs ou smurfs?

En 1959, le dessinateur bruxellois Pierre Culliford, dit Peyo, déjeunait un jour à la *cantine* avec un collègue. Il voulait la *salière*, et fatigué, ne trouvait pas le mot. «Passe-moi la... schtroumpf», dit-il, *pour plaisanter*. Une idée de génie était née; depuis ce jour-là, il a écrit et dessiné des centaines d'histoires, dont les personnages s'appellent les «schtroumpfs», petits elfes bleus à bonnets blancs. Ils sont *dotés* de pouvoirs surnaturels et de défauts typiquement humains et leur principale qualité est une *indéfectible* gentillesse. Bien sûr, ils

thrilling

outside of Paris

cleverly

cartoon
ice-cream sandwich
intermission

cafeteria / salt shaker
as a joke

endowed
that never fails

---

1. **Une dramatique** is a program similar to ''Masterpiece Theater'' on PBS.

parlent le langage schtroumpf: chaque fois qu'un mot leur manque ils utilisent à la place le nom «schtroumpf», le verbe «schtroumpfer», l'adverbe «schtroumpfement», etc.

> Exemples: «J'ai perdu mon schtroumpf». (L'image vous aide à deviner ce qu'a perdu le personnage.)
> «Tu viens schtroumpfer?» (boire, manger, etc.)
> «J'ai schtroumpfement faim». (vraiment)

Voilà maintenant les schtroumpfs qui envahissent l'Amérique: seulement, ils s'appellent les ''smurfs'' de ce côté de l'Atlantique. On en trouve partout, à la télé, sur les boîtes de céréales, ou en petites poupées qu'on peut acheter dans les magasins de jouets. C'est une phénomène schtroumpfement incroyable.

Lucky Luke: les Français et le western

Dans les bandes dessinées, un autre héros favori est Lucky Luke. Il se décrit lui-même ainsi: «Je suis un 'poor lonesome cowboy'»; il est fort, courageux, toujours prêt à prendre la défense des *opprimés* et à se battre contre les «*méchants*», qui sont représentés par les frères Dalton. Les aventures sont simples et prennent place dans une ville de l'ouest américain très fidèlement reproduite. On y trouve le saloon, le bureau du shériff et la prison, la *diligence*

oppressed people

bad guys

stage coach

outlaws

les *hors-la-loi*; il y a des duels au revolver au milieu de la rue. Tout y est, mais tout le monde parle français! Le monde est divisé en deux catégories: les bons et les méchants, et ce sont toujours les bons qui gagnent. Cette image romantique du monde et de l'ouest américain procure une évasion et permet aux enfants et aux adultes de rêver d'aventure.

QUESTIONS

1. Dans quelles circonstances les schtroumpfs ont-ils été inventés? **2.** Décrivez un schtroumpf.   **3.** Comment s'appellent les schtroumpfs en anglais?   **4.** Qui est Lucky Luke? Quel air a-t-il sur l'image?   **5.** A votre avis, pourquoi les frères Dalton sont-ils habillés de cette façon?   **6.** Qu'est-ce que le western apporte à l'imagination?

Lectures de distraction

Le succès de la bande dessinée

En France, il y a peu de B.D. (bandes dessinées) dans les journaux quotidiens, sauf dans les journaux humoristiques spécialisés, comme «Le Canard enchaîné», et les illustrés pour les jeunes, comme «Spirou» et «Pilote». En revanche, il existe un marché énorme de livres en bandes dessinées.

Le plus célèbre des auteurs de B.D. est le Belge Hergé (mort en 1983), qui a créé Tintin et son équipe «pour les jeunes de sept à soixante-dix-sept ans».

Tintin est un jeune garçon de seize ou dix-sept ans à qui il arrive des aventures fantastiques. Il est toujours accompagné de son petit chien Milou, qu'il entraîne dans des situations difficiles mais qui, souvent, lui sauve la vie. Le capitaine Haddock, un ancien capitaine de bateau, les suit partout: il boit beaucoup, se bat facilement, et a une collection de *jurons* très originaux! Les Dupont-Dupond sont des détectives privés, *frères jumeaux* qui se répètent sans cesse et font des *gaffes* énormes. Le professeur Tournesol est le *savant distrait* et génial qui conduit toute l'équipe à la lune. 70.000.000 de «Tintin» se sont vendus dans le monde, et les livres de Hergé sont traduits en trente-trois langues.

    Astérix suit Tintin de près pour la popularité. Depuis la *parution* d'Astérix, des millions de livres se sont vendus dans le monde entier! Le succès de cette bande dessinée est immense. Les histoires *se passent* en 50 avant Jésus-Christ après la *conquête* de la Gaule par Jules César, qui a battu le chef gaulois Vercingétorix à Alésia. Nos héros habitent un petit village qui a résisté aux armées romaines. Ils y sont parvenus grâce à une potion magique qui leur donne une force surhumaine. Les auteurs d'Astérix, Sempé et Goscinny, ont donné à leurs personnages et aux différents endroits des noms amusants et à double sens: les terminaisons des noms sont latines ou gauloises. Ainsi les garnisons romaines qui entourent le village gaulois s'appellent «Babaorum» (le baba au rhum est un gâteau), «Aquarium», «Petibonum» (petit bonhomme). Les soldats se nomment «Tadevirus» (tas de virus), «Cumulonimbus» (le nom d'un nuage), «Saudepus» (saut de *puce*). Quant aux principaux héros, il y a bien sûr, Astérix (astérisque), petit *guerrier à* l'esprit *malin*, à l'intelligence vive; son inséparable ami Obélix (obélisque), grand amateur de *sangliers* et de belles *bagarres*; «Idéfix» (idée fixe), le seul chien écologiste connu, qui *hurle* de désespoir quand on *abat* un arbre; «Abraracourcix» (*à bras raccourcis*), chef du village qui se déplace sur son *bouclier* (duquel il tombe assez souvent) et qui ne craint qu'une chose: c'est que le ciel lui tombe sur la tête. Il y a aussi «Panoramix», le druide qui *cueille* le *gui* et prépare des potions magiques. Comment expliquer le succès prodigieux d'Astérix? Tout d'abord, et bien que les histoires se passent il y a 2000 ans, les problèmes qu'elles présentent sont d'actualité: les grands ensembles, la pollution, les *embarras de la circulation,* le nationalisme. Mais aussi, on y voit un petit village et ses habitants triompher de la force des armées romaines: c'est le petit qui gagne! C'est une preuve que la vitalité du peuple français, son *astuce* et son esprit frondeur sont plus forts que tout.

Glossary (right margin):
- swear words
- twin brothers
- *faux pas* / absentminded scientist
- publication
- take place
- conquest
- flea
- warrior / cunning
- wild boars
- fights
- yells / cuts down / with tooth and nail / shield
- gathers / mistletoe
- traffic jams
- cleverness

QUESTIONS   Choisissez une réponse pour les affirmations suivantes:

1. L'auteur des albums de Tintin s'appelle
    a. Dupont-Dupond.
    b. Hergé.
    c. le capitaine Haddock.

2. Tintin est
   a. un adolescent à qui arrivent des aventures fantastiques.
   b. un détective privé.
   c. un savant distrait qui va sur la lune.

3. Les livres «Tintin» sont vendus
   a. seulement en France.
   b. dans le monde entier.
   c. seulement dans les pays francophones.

4. Les histoires d'Astérix se passent
   a. aux temps modernes.
   b. en 50 avant Jésus-Christ.
   c. en 50 après J.-C.

5. Le chef de guerre qui a été battu à Alésia par les Romains s'appelle
   a. Astérix.
   b. Obélix.
   c. Vercingétorix.

6. Astérix a du succès
   a. parce que les histoires se passent il y a 2000 ans.
   b. parce que les problèmes présentés sont modernes.
   c. parce que les Français n'aiment lire que des B.D.

En fusée vers la lune (*Tintin*)

spaceship
stowaways

Tintin, Milou, le capitaine Haddock, le professeur Tournesol sont à bord d'une fusée spatiale, *en route pour la lune. Les Dupont-Dupond sont des* passagers clandestins.

QUESTIONS

1. Qu'est-ce que le professeur et Tintin admirent par le périscope?   **2.** Pourquoi Tintin n'est-il pas pressé de mourir?   **3.** Pourquoi le capitaine Haddock parle-t-il si rudement aux Dupont-Dupond?   **4.** Quel travail le capitaine Haddock a-t-il à faire?   **5.** Qu'est-ce qu'il y a dans le livre?

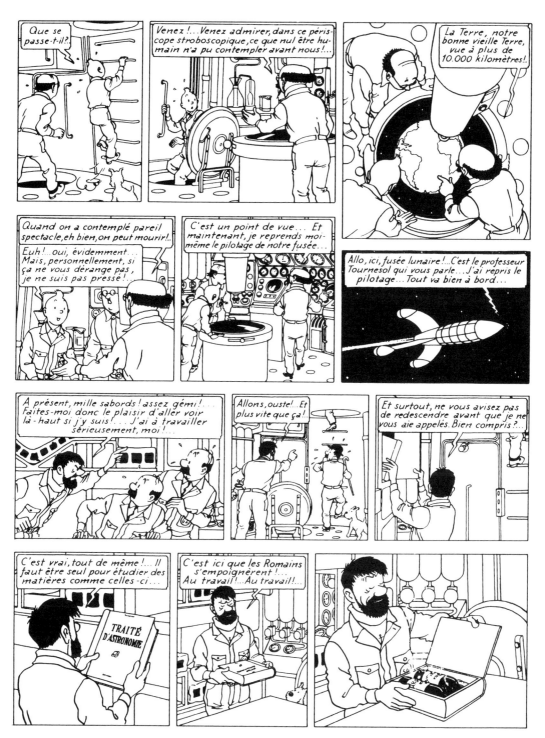

From *On a marché sur la lune,* written and illustrated by Herzé. © by Editions Casterman.

La grande traversée (*Astérix*)

Astérix, Obélix et Idéfix sont sur la côte est de l'Amérique du nord. Ils se sont échappés du camp de mercenaires qui les avaient capturés et dont le chef voulait qu'Obélix épouse sa fille. Astérix et Obélix essaient d'attirer l'attention d'un bateau qui passe.

QUESTIONS

1. Pourquoi Astérix et Obélix veulent-ils faire des signes au bateau?   **2.** Où veulent-ils que le bateau les ramène?   **3.** Sur quoi Astérix monte-t-il? **4.** Que vous rappelle la dernière image?   **5.** Pourquoi cette allusion est-elle amusante?

Les aventures de Gaston Lagaffe

La bande dessinée «Gaston Lagaffe» est produite par le Belge Franquin. Le mot «la gaffe» signifie «faux pas». Comme son nom l'indique, Gaston ne fait que des bêtises.

stupid things

Hébin = *Eh bien* (well then)

M'enfin = *Mais enfin* (Oh, no!)

Tirez pas = *Ne tirez pas* (Don't shoot...) / **Je l'achève**...: I'll put it out of its misery...

QUESTIONS

1. Les bruits du moteur de l'auto de Gaston ressemblent-ils à des sons américains? Quelles onomatopées utiliserait-on aux Etats-Unis? **2.** Qu'est-ce que Gaston constate quand il soulève le capot de la voiture? **3.** Que va faire l'agent de police? **4.** Qu'est-ce que le geste de l'agent de police imite, dans la culture américaine, et quelle scène évoque pour vous la dernière image?

Exercices de vocabulaire

A. Complétez les phrases suivantes avec un mot ou une expression de la liste en dessous.

des appareils ménagers	la potion magique
un docu	le dessin animé
des voitures	le dessinateur
des briquets	le grand film
des digestifs	des livres
des sous-vêtements	hurle
abat	des bêtises

1. Les Gaulois ont une force surhumaine grâce à _____ que prépare le Druide.
2. _____ est un petit film sur un sujet éducatif.
3. Au cinéma il y a de la publicité entre _____ et _____.
4. C'est _____ Pierre Culliford qui a inventé le mot «schtroumpf».
5. Gaston Lagaffe et les Dupont-Dupond sont des personnages qui font toujours _____.
6. Idéfix _____ de désespoir quand on _____ un arbre.
7. Une cuisinière et un lave-vaisselle sont des _____.
8. «Paris-Match» fait de la publicité pour _____, _____, _____, _____.

B. Remplacez l'expression en italique par un synomyme.
1. L'esprit *rebelle* des Français se manifeste dans beaucoup de B.D. («Introduction»)
2. Les enfants adorent lire des *journaux amusants avec des dessins.* («Introduction»)
3. «Marie-Claire» fait beaucoup de publicité pour des produits de beauté : les crèmes *qui font maigrir* sont populaires. («La publicité dans les magazines»)
4. L'Ajax est un produit *pour nettoyer la maison.* («La publicité... magazines»)
5. En France, après un bon dîner, on prend souvent une *boisson qui aide à digérer.* («La publicité... magazines»)

6. Pendant *l'interruption du spectacle*, on peut acheter un *sandwich à la glace*. («La publicité à la télé...»)

7. Les dessinateurs se retrouvent au *restaurant* du journal. («Schtroumpfs...»)

C. Quel est le mot qui n'appartient pas à la série? Expliquez pourquoi.

    1. a. crème pour le visage
       b. shampooing
       c. cire à épiler
       d. eau minérale

    2. a. sous-vêtement
       b. maillot de bain
       c. pantalons
       d. soutien-gorge

    3. a. conserves
       b. surgelés
       c. plats préparés
       d. briquets

    4. a. voitures
       b. cigarette de luxe
       c. montres chères
       d. immobilier

    5. a. Tintin
       b. le capitaine Haddock
       c. le professeur Tournesol
       d. Idéfix

A votre tour

1. Quelles publicités attirent particulièrement votre attention dans les magazines américains? Pourquoi?

2. Quelle est votre B.D. préférée aux Etats-Unis? Décrivez certains épisodes et dites pourquoi vous aimez cet humour.

3. Avez-vous regardé la télé ou écouté la radio hier? Quels produits ont reçu de la publicité?

4. Est-ce que la publicité à la télé ou à la radio vous irrite quelquefois? A quels moments?

5. Etes-vous influencé par la publicité? Par exemple, achetez-vous une marque de céréales ou de savon parce qu'on vous bombarde de publicité, ou bien faites-vous preuve d'esprit critique?

6. Trouvez-vous certaines publicités américaines choquantes? Pourquoi?

7. A quel âge avez-vous commencé a lire les B.D. et lesquelles aimiez-vous quand vous étiez petit(e)?

Interviews

1. Interviewez votre personnage de B.D. favori. Quelles sont ses activités, quels sont ses projets? Faites-le parler d'une de ses aventures.
2. Interviewez le directeur ou la directrice d'une agence publicitaire et demandez-lui s'il (si elle) ne se sent pas mal à l'aise de promouvoir des produits nocifs: cigarettes, alcools, armes à feu, etc.

Discussions orales ou écrites

1. Etes-vous pour ou contre la publicité à la télé? Organisez un débat.
Pour: j'ai besoin qu'on me vante les qualités d'un produit avant de l'acheter; j'aime les interruptions pour aller au frigidaire, au...
Contre: Je n'aime pas le lavage de cerveau (*brainwashing*); je n'aime pas qu'un film soit interrompu.
2. Discutez les raisons qui font que les gens aiment de moins en moins lire des livres et de plus en plus lire des B.D. (influence de la télé? importance de l'image dans la société actuelle? manque de rigueur dans les écoles? paresse d'esprit? etc.)

Activités

1. Feuilletez les magazines américains suivants: «Time», «Newsweek», votre quotidien local, le guide de télé, «Good Housekeeping», «Family Circle» et aussi des magazines français: «Elle», «Marie-Claire», «l'Express», «Paris-Match». Faites une liste de fréquence de la publicité: voitures, compagnies aériennes, produits alimentaires, produits d'entretien, cigarettes, modes. Comparez le style de ces publicités. Est-ce que vous pouvez en tirer des conclusions sur la façon de vivre, les goûts et les coutumes des deux pays?
2. Imaginez un spot publicitaire pour un produit de votre choix. Jouez la scène avec un (une) camarade. Par exemple:
Voiture: vous vantez ses qualités d'économie, sa ligne, sa nervosité.
Produit alimentaire: il a bon goût, ne fait pas grossir, il se conserve longtemps.
Appareil ménager: il est solide, il a une garantie, il est sans danger.

3. Apportez en classe plusieurs B.D. de journaux américains. Commentez-les et organisez un concours de la plus amusante. Pensez à Garfield, Peanuts, Blondie, Dennis the Menace. Lesquelles souhaiteriez-vous introduire en France?

Le Français dans le monde 12

Parlez-vous franglais?

Introduction

L'influence française dans le monde n'est plus aussi importante de nos jours qu'elle l'était au 17ᵉᵐᵉ et au 18ᵉᵐᵉ siècles: les Etats-Unis et la Russie ont repris le rôle que jouaient auparavant les pays d'Europe occidentale. Toutefois, la présence de la France à l'étranger est toujours remarquable, dans les DOM TOM (voir Chapitre 15, page 226) et aussi dans un grand nombre de pays grâce à de nombreuses organisations (l'Alliance Française, par exemple). Les produits français qui se vendent à l'étranger et les entreprises françaises qui investissent ou achètent aux Etats-Unis témoignent d'une influence française constante dans le monde.

before

thanks to

testify

D'un autre côté, la France est envahie graduellement par un autre produit populaire: la langue anglaise, bien que le gouvernement français essaie de conserver à la langue française sa pureté par des décisions très strictes. Pourra-t-on stopper cette invasion? C'est peu probable. Mais c'est après tout un enrichissement pour tout le monde que de pouvoir échanger des produits, des coutumes, des points de vue et même quelques mots d'une langue à l'autre.

Lectures d'information

La valeur commerciale de la France

«La France? C'est la joie de vivre, la bonne cuisine, l'élégance, le romantisme...» *Telle est* l'image traditionnelle et un peu stéréotypée que projette la France *à l'étranger*. Les Français l'ont bien compris, et par leurs exportations, essaient d'exploiter financièrement cette image, qui est en partie exacte. Pour certaines personnes, un bon champagne ne peut être que français, un repas de qualité devra *comprendre* un vin de *grand cru* (un Bordeaux, un Bourgogne, un Beaujolais). Les escargots de Bourgogne, la moutarde de Dijon, un pâté de foie gras du Périgord donneront une certaine classe à votre dîner. Il ne faudra pas, bien sûr, oublier la baguette, et vous terminerez votre repas avec un Courvoisier ou un Grand Marnier. Comme tous ces produits sont devenus très populaires et représentent un marché profitable, un grand nombre de restaurants français se sont ouverts aux Etats-Unis. Et dernièrement des «boulangeries, des croissanteries» ont fait leur apparition. Les grands *couturiers* français ont aussi bonne réputation et beaucoup font fortune. Un homme sera fier de porter un costume Pierre Cardin, une femme une robe Christian Dior. Les grands magasins aussi bien que les petites boutiques vous offrent tout cela *pourvu que* vous puissiez vous permettre de vous les acheter.

such is
abroad

include / fine vintage

fashion designers

provided that

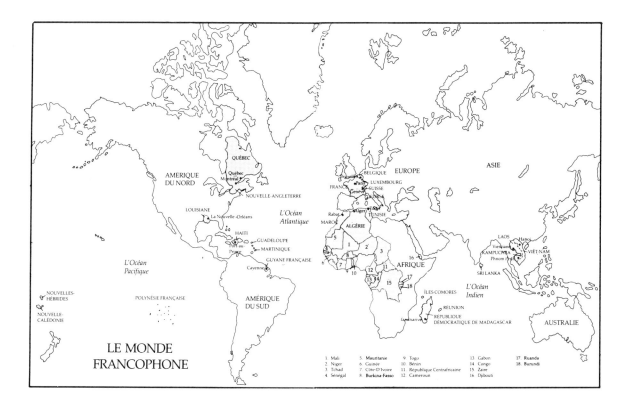

LE MONDE
FRANCOPHONE

1. Mali   5. Mauritanie   9. Togo   13. Gabon   17. Ruanda
2. Niger   6. Guinée   10. Bénin   14. Congo   18. Burundi
3. Tchad   7. Côte-D'Ivoire   11. République Centrafricaine 15. Zaïre
4. Sénégal   8. Burkina-Fasso   12. Cameroun   16. Djibouti

Aujourd'hui, les hommes et les femmes d'affaires français, dont un grand nombre ont été formés aux écoles de commerce américaines, ont compris que s'ils voulaient conquérir le marché américain, il fallait utiliser les méthodes américaines, et plusieurs compagnies réussissent très bien dans des domaines différents: l'eau minérale Perrier et les yaourts Yoplait en alimentation, Cuisinart et Le Creuset pour la cuisine. Le sport? Il vous faut des skis Rossignol, des lunettes de ski Vuarnet... Le petit crocodile vert de Lacoste est un emblème aujourd'hui connu de tous. Si vous aimez faire du jogging, vos pieds se sentiront à l'aise dans des chaussures Puma. Où allez-vous passer vos vacances? De plus en plus, le «Club Med» attire beaucoup de personnes qui rêvent d'exotisme et de *farniente. Il est de bon ton* également d'aller voir de temps en temps un film français, signé Truffaut ou Malle, avec des artistes et des acteurs connus comme Isabelle Huppert, Annie Girardot, Jean-Paul Belmondo, Alain Delon. Et même si B.B. (Brigitte Bardot) n'a jamais été considérée comme une grande actrice, elle a pendant plusieurs années rapporté à la France plus de *devises* que la Régie Renault.

Aujourd'hui, également, des compagnies importantes, grâce à leur agressivité, ont réussi à s'implanter aux Etats-Unis. Les *réclames* dans les journaux, à la télévision font que des noms comme Michelin et Renault deviennent connus, familiers. Qui dit Michelin pense: pneu, qualité, sécurité. Renault s'est associé à la compagnie American Motors et, suivant les exemples

doing nothing / it is fashionable

foreign currency

advertisements

branches

japonais et allemand, construit certains de ses modèles aux Etats-Unis: L'Alliance, Le Car, Encore. Bank of America a plusieurs branches ou *succursales* en France (Place Vendôme à Paris). La Banque Nationale de Paris a acquis Bank of the West, ce qui facilite les voyages des Français aux Etats-Unis et des Américains en France.

obvious
trucks
fleet

Et voici d'autres échanges et succès d'industries françaises, moins *mis en évidence*: les métros, les *camions* Berliet, l'Airbus (avion qu'Eastern Airlines a choisi pour renouveler sa *flotte*).

Tout contribue aujourd'hui à une certaine interdépendance entre les pays. La France continue à cultiver l'image que les autres pays ont d'elle et à en profiter. Mais elle essaie aussi et avec succès d'offrir ce qu'elle produit dans des domaines d'où jusqu'à présent elle avait été exclue.

QUESTIONS

1. Quelle est l'idée traditionnelle que les étrangers se font de la France? **2.** Quels produits alimentaires français ont beaucoup de succès aux Etats-Unis?   **3.** Qu'est-ce que les hommes et les femmes d'affaires français ont compris, s'ils veulent réussir aux Etats-Unis?   **4.** Nommez quelques marques (*brands*) françaises qui sont populaires aux Etats-Unis.   **5.** Nommez quelques compagnies françaises qui se sont implantées aux Etats-Unis. **6.** Pouvez-vous nommer quelques compagnies américaines qui se sont implantées en France?

Faut pas speaker franglais! O.K?

mixture of French and
  English

strict / to stop
to undermine

to intensify

cloth

Loisirs, travail, sports et vêtements: le *franglais* a conquis tous les domaines de la vie quotidienne en France. Le Haut Comité de la langue française a décidé de réagir. Tout usage abusif de l'anglais est condamné par la législation française. Mais l'application même *draconienne* de celle-ci suffirait-elle à *endiguer* le flot de mots «*made in U.S.A.*» qui vient *saper* chaque jour davantage l'intégralité de la langue de Molière?[1]

Imaginons un jeu qui consiste à introduire le maximum de mots anglais dans un minimum de phrases. Il pourrait s'appeler: «Savez-vous parler le franglais?» On peut *corser* le plaisir en choisissant un thème. Le franglais culinaire, par exemple: «Le hamburger que j'ai mangé dans ce fast food ne vaut pas le beefsteak du self d'à côté» (la viande hachée que j'ai mangée dans ce restaurant rapide ne vaut pas la tranche de bœuf du libre service d'à côté). Vestimentairement franglais: «J'ai besoin d'un jeans assorti à mon tee-shirt pour jogger en sportwear ce week-end» (j'ai besoin d'un pantalon de *toile*

---

1. **Molière:** French writer of the 17th century.

assorti à mon maillot de corps pour aller courir en vêtement de sport à la fin de la semaine).

Le franglais peut aussi s'adapter aux sentiments: «J'ai le spleen, je flippe depuis le départ de mon flirt. Nous n'avions plus le feeling. Je n'étais pas assez cool pour elle» (j'ai le cafard, je suis complètement à plat depuis le départ de ma petite amie. Nous ne nous comprenions plus. Je n'étais pas assez décontracté pour elle). Les loisirs en franglais: «J'ai de nombreux hobbies, la pop music, le flipper et le football» (j'ai de nombreux violons d'Ingres: la musique populaire, les jeux électroniques et la balle au pied). Etc. Vous pouvez préférer d'autres thèmes comme le travail, l'*informatique* ou le cinéma. L'exercice sera   computer science
encore plus simple.

La langue anglaise *a envahi* la vie des Français comme elle a conquis le   has invaded
monde du commerce et de la diplomatie. Certains regrettent l'époque, hélas, révolue, où l'envahisseur culturel s'appelait le français. On ne *se plaignait* pas   complained
alors de l'invasion d'un langage universel et de la destruction des langues
autochtones. C'était le bon temps... Mais, maintenant, l'anglais a pénétré les   local
frontières françaises, on ne peut que le constater ou le déplorer. Le Haut Comité de la langue française a décidé, lui, de passer à l'action. Une rencontre internationale sur l'application des législations linguistiques dans les pays francophones *s'est tenue* cette année à Paris. Les défenseurs de la langue fran-   was held
çaise *prônent* une meilleure application de la législation. Le dossier établi par   recommend
le Haut Comité a déploré le «*dommage linguistique causé par la non application de la loi du 31 décembre 1975, relative à l'emploi de la langue française.*» Celle-ci stipule que la langue française est obligatoire dans «*la désignation, l'offre, la présentation, la publicité écrite ou parlée, le mode d'emploi ou d'utilisation, l'étendue et les conditions de garantie d'un bien ou d'un service, ainsi que dans les*
factures *et les* quittances.»   bills / receipts

Le Haut Comité de la langue française regrette que si peu d'infractions soient sanctionnées. Les abus d'anglicisme *nuisent* le plus souvent aux con-   are harmful
sommateurs. Les modes d'emploi ne sont pas traduits, l'*étiquetage* ou la publi-   tags
cité non plus.

Voici certains exemples: certains pantalons Levis ne comportent aucune indication en français. C'est tout de même dommage puisque l'étiquette anglaise précise «*shrink to fit*». Les consommateurs non bilingues n'ont donc pu comprendre que le pantalon «rétrécit pour s'ajuster».

Snobisme aussi pour les petites annonces d'offres d'emploi *rédigées* exclu-   worded
sivement en anglais pour des postes à Paris dans des entreprises bien françaises.

Le Haut Comité de la langue française espère que les services de la répression des fraudes seront *dorénavant* plus vigilants face à l'invasion culturelle   henceforth
anglo-saxonne. En ce qui concerne du moins l'application de la loi. Quant à fermer les frontières linguistiques de l'Hexagone[2] c'est un combat perdu

---

2. **L'Hexagone** = la France (named this way because it has roughly six sides).

d'avance. Les nouveaux sports, la culture ou la recherche scientifique viennent le plus souvent d'outre-Atlantique. Le langage n'est qu'une conséquence de cette influence omniprésente.

Gabriel Pilaf, *Le Coopérateur de France*

QUESTIONS   Terminez les phrases suivantes en vous inspirant de l'article précédent.

1. Le franglais a surtout envahi la vie quotidienne française dans ces domaines:...   **2.** Le Haut Comité de la langue française a décidé que l'emploi de la langue française est obligatoire sur ces points:...   **3.** L'emploi de l'anglais peut nuire au consommateur français, par exemple si...   **4.** La loi du 31 décembre 1975 ne sera pas facile à appliquer parce que...   **5.** Faites une liste de tous les mots franglais que vous pouvez trouver dans l'article.

Capsules

Présence culturelle de la France dans le monde

Il semble bien que la langue anglaise envahisse de plus en plus de pays! Mais de son côté, la langue française continue à se défendre. De nombreux journaux sont publiés en français dans plusieurs pays du monde: «Le Courrier australien» à Sydney, «Le Courrier de La Plata» et «Le Quotidien» en Argentine, «Le Journal français» à Genève, «Le Soir» en Belgique, «Le Journal français d'Amérique» en Californie.

L'Alliance Française a été créée en 1883, et aujourd'hui on compte plus de 1000 centres dans 100 pays; près de 275.000 étudiants y apprennent la langue et la culture françaises; 25.000 étudiants étrangers viennent chaque année à l'Alliance Française de Paris pour y étudier le français. *En plus de* l'enseignement, l'Alliance Française a également une mission culturelle et établit un dialogue entre la culture française et celle du pays où se trouvent ses centres.

in addition to

Des *conférenciers*, des compagnies dramatiques propagent la langue et les idées françaises dans le monde entier. Des programmes de radio et de télé sont retransmis. Tous ces efforts contribuent au maintien et au développement du français dans le monde.

lecturers

Vive le Québec libre!

Depuis que le Général de Gaulle, *de passage* au Canada, a terminé son fameux discours par: *Vive* le Québec libre!, le monde entier a pris davantage conscience du désir profond qui existe dans cette province de devenir indépendante. Ce qui a pu paraître aux yeux de beaucoup de gens comme une *ingérence* dans les affaires intérieures d'un pays était quand même l'expression, par un étranger au Canada, d'une réalité très vivante dans ce pays: la volonté qui existe dans une grande partie du peuple canadien de garder une identité française. Et le Général de Gaulle est devenu du jour au lendemain très populaire!

    L'activité de FLQ (Front pour la libération du Québec), fondé en 1960, a conduit à la déclaration par le gouvernement canadien en 1970 que l'anglais et le français étaient les deux langues officielles du pays entier. Puis la province du Québec a décidé en 1974 que le français était la seule langue officielle de cette province. En 1979, le Québec n'a pas obtenu l'indépendance à laquelle il *visait* mais les efforts des nationalistes continuent. La chanson, avec Félix Leclerc, Gilles Vigneault, et la littérature, avec Gabrielle Roy, Antonine Maillet, sont extrêmement vivantes et bien reçues en France.

visiting

long live

interference

aimed

Quartier pittoresque de Québec

QUESTIONS

1. Comment le Général de Gaulle a-t-il terminé son discours?   **2.** Que veulent dire les abréviations FLQ?   **3.** Quelle était la langue officielle au Canada avant 1960?   **4.** Qu'est-ce que le Québec cherche à obtenir? **5.** Dans quel domaine artistique la langue française est-elle illustrée au Canada?

Lectures de distraction

Guerre au Frenglish!

La décision du Haut Comité de la langue française de bannir du français les mots anglais qui l'envahissaient a causé dans la presse américaine des réactions variées, certaines indignées, d'autres plus souvent humoristiques. Il faut admettre que la stricte décision de ce comité d'appliquer une loi très rigide est bien ridicule! Bien sûr, c'est ennuyeux d'acheter un jeans qui porte l'indication «*shrink to fit*», de le laver et de découvrir qu'il est devenu trop petit, parce qu'on n'a pas compris les instructions-lavage imprimées sur l'étiquette! D'un autre côté certains mots anglais sont tellement entrés dans la langue française que le *rétablissement* du français causerait de grosses difficultés dans la communication et provoquerait des *éclats de rire* fréquents. Les Français sont trop habitués à parler de leur «week-end», à jouer au «foot», et à prendre des «charters» quand ils voyagent. Ils ne pensent plus à l'origine du mot qu'ils emploient et ce serait sûrement du snobisme *à l'envers* de se forcer à dire: «Cette fin de semaine j'ai regardé le match de balle au pied.» Ou encore: «Tiens, j'ai oublié mon balladeur (*walkman*).» Ou: «Nous irons de Paris à Londres en gros-porteur! (*jumbo-jet*).» Sans compter que ces mots ont en français un son comique!

Les commentateurs américains signalent *à juste raison* que la langue anglaise est remplie de mots français dont les Américains se servent constamment sans protestation de la part du gouvernement: «Bon voyage», «faux-pas», «laisser-faire», «esprit de corps»... Personne en Amérique ne se plaint de l'invasion du Frenglish (ou de l'Englench?), et c'est même un signe de culture et de bonne éducation de *laisser tomber* dans la conversation (avec la prononciation correcte, bien entendu) un mot français par-ci par-là et de mentionner «à propos», «vinaigrette», «le je ne sais quoi», «le coup de grâce»...

Dans cette «tempête dans une demi tasse» ce sont les humoristes qui *ont le mot de la fin*. Nous donnons la *palme* à Ellen Goodman, du «Boston Globe» qui écrit joyeusement:

[marginal glossary]

restauration
loud laughter

in reverse

rightly so

to drop

have the last word / prize

"I, for one, refuse to simply lie back on my chaise longue and take this act of French aggression. Here at last is a true cause celebre, one might even say a debacle. What is at stake is nothing less than the linguistic balance of payments. If they are declaring war on Franglais, I say it is time for us to declare war on Englench... Who, after all, made us wear lingerie when our underwear was perfectly decent? Who turned our cooks into chefs and our dances into ballets? Where was it writ that a bunch of flowers had to become a bouquet? Or that toilet water had to be cologne let alone perfume. What was the raison d'être for turning a decent American tenderloin into a chateaubriand?

What the French resent is not our imperialism but our democracy. We gave them McDonald's. They gave us croissants. We gave them the ice-cream cone. They gave us the quiche. The people who invented the very word "elite" simply have a gripe against mass culture. They cheerfully export the notion that the only proper clothing is their couture and the only proper hairdo is their coiffure and the only proper food is their cuisine. Then they complain about "le jeans." Through their own largesse, not to say, noblesse oblige, they prefer to determine what is haute and what is not. They want the exclusive worldwide franchise to separate the chic from the gauche.

If they want to ban Franglais, we will meet them at the beaches with boatloads of their own Englench. If they turn their drive-ins into ciné-parcs, we shall turn our quiche into cheese-pie. If they no longer attend le meeting we will no longer rendez-vous. If they make it de rigueur to eliminate Americanisms, we shall refuse to eat our apple pie a la mode and our soup du jour. We shall, in fact, hoist them on their own petulant petard. And if the French decide to give up and return to the old laissez faire in linguistics, well, they better not call it detente.''

QUESTIONS

1. Comment sont les réactions de la presse américaine à la décision du Haut Comité de la langue française?   **2.** Est-ce que les décisions du Haut Comité sont réalistes? Pourquoi?   **3.** Pourquoi est-ce que ces mots font rire: *balladeur, gros-porteur, balle au pied*?   **4.** Relevez dans le texte français le plus possible de mots anglais.   **5.** Relevez dans le texte d'Ellen Goodman le plus possible de mots français et expliquez-les.   **6.** Pourquoi l'article d'Ellen Goodman est-il très drôle?

A la recherche de la France

once upon a time

Il était une fois une famille de Martiens: M. et Mme Itti et leurs enfants Arpiun et Arpideux. Ils habitaient sur la planète Mars, et tous les quatre adoraient la langue française qu'ils avaient étudiée à l'école. Mais à cause de difficultés de communication entre la terre et les autres planètes du système solaire, ils avaient appris, de la langue et de la civilisation françaises, des choses fragmentées et incomplètes; par exemple, ils n'avaient jamais vu de films, de photos ni d'émissions télévisées en français. L'enseignement qu'ils avaient reçu était uniquement audio-oral: des sons, des chansons et de la musique, des descriptions de paysages, des conversations sur cassettes et quelques programmes de radio. Bien sûr, comme ils étaient *surdoués*, ils *se débrouillaient* tout de même très bien.

gifted / managed

Un jour donc, les Itti décidèrent d'aller visiter la France et ils s'embarquèrent sur leur *soucoupe volante* personnelle. *D'un coup d'aile*, ils allèrent se poser sur une plage et descendirent de leur véhicule pour aller visiter la ville. (Il faut dire que les Martiens ne ressemblent guère aux hommes, mais que grâce à une potion magique, il leur est possible de prendre l'apparence d'êtres humains). Les voilà donc tous les quatre en train de se promener dans une ville charmante, au bord d'une mer bleu azur, avec des palmiers et un sable très blanc. La température est douce et le soleil brille joyeusement.

flying saucer / in a jiffy

—Ah! dit Mme Itti. Je reconnais cette région! Nous sommes sûrement sur la Côte d'Azur et cette ville doit être Cannes. Ce paysage correspond exactement à la description que j'ai entendue.

—Oui! ajouta Arpideux, le garçon. Je vois des choses sur la mer qui ressemblent à des *pédalos*, et il y a des gens qui font de la *planche à voile*. Et puis,

pedal crafts / wind surfing

regardez, là-bas, on dirait un port avec des bateaux de plaisance. Nous sommes sûrement à Cannes. Avec un peu de chance, nous pourrons voir des films; c'est là qu'a lieu le festival du cinéma.

—Je vais aller faire un tour en ville pour essayer de trouver un marché, dit Arpiun, la jeune fille. Je pourrais acheter une baguette, du jambon, du fromage et nous pourrions faire sur la plage un pique-nique typiquement français.

—D'accord, dit M. Itti. On t'attend sous ce parasol. Le soleil est chaud et ta mère craint les coups de soleil. Ils s'installent et regardent autour d'eux avec enthousiasme.

—Tout de même, c'est bizarre, dit Mme Itti. Ces gens ont l'air d'avoir presque tous la *peau* noire; quelques-uns sont très blancs et d'autres sont rouges et **skin** brûlés, comme moi quand je reste trop longtemps au soleil.

—J'ai lu qu'il y a beaucoup de travailleurs immigrés venant d'Afrique en France, dit Arpideux. Les autres sont probablement des *estivants* qui vien- **summer vacationers** nent d'arriver en vacances et ne sont pas encore *bronzés* ou *ont abusé* du **tanned / had too much** soleil, comme toi.

—Oui, mais les travailleurs immigrés *auraient-ils les moyens* de se payer des **would they be able to afford** vacances à Cannes?

—Tiens, voilà Arpiun qui revient!

—J'ai eu une expérience bizarre, au marché, dit Arpiun. D'abord, j'ai trouvé une abondance de fruits comme des *mangues*, des bananes, des *ananas*, qui **mangos / pineapples** sont des fruits tropicaux et qui ne poussent pas en France. Ensuite, j'ai rencontré beaucoup de personnes vêtues de vêtements à grosses fleurs de couleurs, très jolis, *ma foi*, mais loin des descriptions que j'ai lues de la mode **honestly** française. Enfin, quand j'ai parlé à ces personnes, je n'ai pas pu les com- prendre; elles s'expriment dans une langue assez loin du français, avec quelques mots ici et là que j'ai pu reconnaître; et je n'ai pas du tout entendu les «r».

—Si on demandait? dit Mme Itti en s'adressant à une personne qui se bronzait à côté d'eux. Madame, s'il vous plaît, comment s'appelle ce pays?

La dame eut l'air surprise, mais enfin, il y a des fous partout....

—Vous êtes à La Guadeloupe: c'est une île des Antilles, dans la mer des Caraïbes, découverte par Christophe Colomb, et rattachée à la France depuis le 17ᵉᵐᵉ siècle. C'est un département français d'Outre-Mer (on dit un DOM). On y parle français et créole... Mais pourquoi me posez-vous cette question? *Comment se fait-il* que vous ne sachiez pas où vous êtes. Qui êtes-vous?

La famille Itti, *confuse* et ne sachant pas expliquer la situation d'une façon simple, s'était rapidement transformée en groupe invisible et regagna la soucoupe volante à toute vitesse.

—Essayons dans une autre direction, dit M. Itti. (Malgré tous leurs instruments perfectionnés, ils n'avaient pas de carte.) Je propose que nous allions vers le Nord.

Après quelques minutes de vol, ils *atterrirent* sur une grande place entourée de vieilles maisons.

—Cette fois, je reconnais ces vieilles maisons typiques, dit Mme Itti. Et ce château avec ces tours; et ces fortifications... Nous sommes dans une vieille ville française.

—Mais comme il fait froid, dit Arpideux. Je croyais que la France avait un climat *tempéré.*

—Nous sommes en hiver.

—Si nous sommes dans une grande ville, je vais faire du shopping, dit Arpiun. Qui vient avec moi?

—On t'attend, dit M. Itti. Je veux prendre des photos.

Arpiun se promena dans les rues et comprit avec satisfaction toutes les inscriptions des *affiches publicitaires.* Elle entra dans un grand magasin, très style américain. Elle vit beaucoup de vêtements d'hiver, des manteaux de *fourrure*, des bottes. «Les Français *s'attendent à* un rude hiver.» se dit-elle. Puis elle écouta une conversation entre deux dames qui achetaient des vêtements:

—Marie, vas-tu acheter cette robe?

Margin glosses (left column):

how is it

embarrassed

landed

mild

billboards

fur / expect

expensive

—Non, c'est vraiment trop *spendieux*.

—Après notre shopping, viens-tu manger un chien-chaud avec moi?

—Non, je n'ai pas le temps; il faut que je mène mon char au garage.

Arpiun ne comprenait pas: shopping, oui, elle avait entendu ce mot franglais, mais «spendieux», «chien-chaud», «char»? N'osant pas demander, elle sortit et acheta un journal:

Je comprends, dit-elle, nous sommes au Canada! Mais où est donc la France?

Les Itti repartirent donc encore dans une autre direction. Ils voyagèrent dans toutes les parties du monde et se crurent en France successivement:

is still present

• dans un pays d'Asie où on parle de moins en moins français mais où l'influence de la France *se fait encore sentir*, malgré les ravages d'une guerre cruelle.[3]

• dans une série d'îles du sud du Pacifique où chacun achète sa baguette de pain tous les jours et où les touristes cherchent avec enthousiasme des paysages qu'un peintre célèbre a immortalisés.[4]

• dans plusieurs pays d'Afrique du nord et d'Afrique centrale avec lesquels la France maintient des liens économiques et politiques.[5]

• dans une province des Etats-Unis où une organisation, le CODOFIL, essaie de redonner une certaine vie à la culture française, symbolisée par ses habitants, les Cajuns.[6]

• dans deux pays d'Europe, où un accent chantant et des expressions comme «septante, nonante», utilisés au lieu de «soixante-dix, quatre-vingt-dix», *trahissent* des régionalismes.[7]

betray

landed

Finalement, fatigués, un soir, ils *se posèrent* dans une ville où les gens avaient la peau brune, où dans les cafés on entendait une musique orientale, et où l'air *embaumait* d'épices exotiques: *cannelle*, safran, curry. Ils entendirent parler des langues qu'ils ne connaissaient pas et que M. Itti, qui avait de vagues connaissances d'autres langues étrangères identifia comme de l'arabe, du portugais, du yiddish, du serbo-croate et peut-être un dialecte parlé au Mali. Enfin quelques mots français au milieu de mots anglais: une maman disait à son enfant: «N'oublie pas tes jeans et ton T-shirt pour aller jouer au basket.»

was fragrant with / cinnamon

—Je me demande bien dans quel pays nous sommes, dit Mme Itti. Mais je suis fatiguée. Restons ici ce soir. Nous chercherons la France demain.

Ils étaient en France, en plein cœur de Paris, et ils ne le savaient pas!

QUESTIONS

1. Qu'est-ce qui manque à l'enseignement que les Itti ont reçu du français?

2. Comment voyage la famille Itti?   **3.** Grâce à quoi les Martiens peuvent-

---

3. Le Vietnam
4. Tahiti
5. Le Maroc, l'Algérie, la Tunisie, le Sénégal, le Niger, le Gabon
6. La Louisiane
7. La Belgique, la Suisse

ils prendre l'apparence humaine? **4.** Dans quel pays est-ce qu'ils se trouvent d'abord? **5.** Comment est-ce qu'ils savaient qu'ils étaient au Canada, pas en France? **6.** Quelle langue parle-t-on dans tous les pays où ils ont atterri? **7.** Identifiez les pays où les Itti ont atterri et se sont crus en France. **8.** Pourquoi est-ce qu'ils ne savaient pas qu'ils étaient arrivés à Paris?

Exercice de vocabulaire

Remplacez les mots de franglais (en italique) dans les phases suivantes par des mots français.

une caravane	du footing	des courses
un prêt-à-manger	la réunion	les ordinateurs
un balladeur	un gros porteur	un ciné-parc
des poids et haltères	un petit ami	en plein air
le cafard	se détendre	

1. Nous n'allons pas souvent dîner dans un restaurant *fast food*.
2. Est-ce que tu fais du *weight lifting* à ta salle de gym?
3. Cette dame fait du *shopping* sans rien acheter.
4. Mes amis ont passé des vacances aux Etats-Unis dans un *motor home*.
5. Je n'aime pas aller au cinéma dans un *drive-in*.
6. Il fait du *jogging* en écoutant de la musique sur son *walkman*.
7. J'ai le *spleen:* mon *flirt* vient de partir en voyage en *jumbo-jet*.
8. Etes-vous allé au *meeting?*
9. *Relaxez*-vous!
10. Mon père travaille dans les *computeurs*.

A votre tour

1. Quels produits français connaissez-vous le mieux?
2. Possédez-vous quelque chose de typiquement français? Quoi? Vous l'a-t-on donné? L'avez-vous acheté?
3. Les différents arguments présentés dans ce livre renforcent-ils les raisons pour lesquelles vous étudiez le français? (Vous en donnent-ils d'autres peut-être)?
4. Avez-vous déjà eu l'occasion d'utiliser en dehors de la classe les connaissances que vous avez de la langue française? Comment?
5. Quels mots français utilisez-vous couramment quand vous parlez anglais? Faites une liste.

Interviews

1. Interviewez un(e) de vos camarades qui a voyagé ou vécu dans un pays francophone. Posez-lui des questions sur la langue, les coutumes, le paysage, etc.
2. Vous êtes chargé(e) de représenter aux Etats-Unis un nouveau produit français. Lequel choisissez-vous? Comment le présentez-vous? Imaginez et jouez un dialogue avec un acheteur éventuel.

Produit: le tire-bouchon pour gaucher *(lefthanded corkscrew);* les produits de la confiserie française *(candies)*

Méthode: vous vantez les qualités du produit, l'originalité du produit, le profit qu'on peut tirer de sa vente, etc.

Discussions orales ou écrites

1. Etes-vous d'accord avec les mesures prises par le gouvernement français en ce qui concerne la «protection» de la langue française?
2. L'étude d'une langue étrangère n'est pas obligatoire dans beaucoup d'écoles. Discutez l'utilité de l'étude de langues étrangères.

Pour: communiquer avec d'autres pays; élargir ses connaissances; étendre les échanges culturels et commerciaux; agrandissement de sa propre culture; on devient capable de comprendre dans la langue d'origine la littérature, les chansons etc...

Contre: les langues sont une perte de temps; il y a toujours des traducteurs; l'anglais est répandu dans le monde entier; pourquoi se fatiguer?

Activités

1. L'esperanto a été créé pour devenir une langue universelle, que tout le monde comprendrait. Etes-vous d'accord avec le principe d'une langue commune ou pensez-vous qu'il soit préférable de conserver un grand nombre de langues?

Pour: Avec l'esperanto, tous les pays peuvent se comprendre. Ça simplifie les voyages, les échanges commerciaux. Ça diminue l'incompréhension entre les peuples.

Contre: Ça élimine l'individualité de chaque groupe. C'est une solution de facilité et de paresse. Apprendre une langue est stimulant. C'est un effort intellectuel et culturel.

2. Faites une liste de tous les produits français que vous trouvez dans le dessin ci-dessus. Comparez votre liste avec celles de vos camarades de classe. Puis, décrivez la scène.

3. Vous organisez un voyage dans les pays où on parle français. Quels pays choisissez-vous? (Regardez la carte à la page 177.) Quels renseignements donnez-vous aux touristes sur le climat, les coutumes du pays, les activités possibles (voir Chapitre 5—Les vacances) en Afrique Noire (Sénégal, Côte d'Ivoire, Gabon), Tahiti, îles Seychelles.

4. Trouvez le plus possible de noms français utilisés aux Etats-Unis (noms de lieux, produits, etc.).

Coup d'œil sur le monde francophone

Dans le *souk* de Djerba, en *Tunisie,* on trouve partout des *pancartes* écrites et en arabe et en français.

marché / **Tunisia** / **signs**

Les femmes 13

Ce sexe dit faible

Introduction

job opportunities

En France, comme aux Etats-Unis, la femme n'a pas encore atteint un statut d'égalité avec l'homme: les salaires, les débouchés *pour les femmes sont inférieurs. Mais le Ministre des Droits de la Femme essaie de changer tout cela. Ainsi, même les femmes qui veulent faire une carrière dans l'armée peuvent maintenant passer les concours autrefois réservés aux hommes. En littérature, au cinéma, en politique, les Françaises deviennent de plus en plus actives et importantes. Pourtant certaines femmes préfèrent «rester à la maison», même si le M.L.F.[1] les encourage à devenir libres et autonomes, parce que travailler tout en élevant une famille crée des conflits qui ne sont pas faciles à résoudre.*

Lectures d'information

La femme au travail

Bien que le gouvernement français ait voté des lois pour supprimer l'inégalité entre les hommes et les femmes dans le domaine professionnel, les chiffres fournis par le Ministère des Droits de la Femme montrent que cette inégalité dure encore. Voici les faits: Il y a encore un *fossé* énorme entre les types d'emplois exercés par les femmes et les types d'emplois offerts aux hommes: il y a dix fois plus de types d'emplois pour les hommes que pour les femmes. Malgré le droit qu'elles ont, en fait, d'*accéder* à tous les secteurs de l'enseignement, les filles continuent à se diriger, ou à être dirigées, vers un nombre limité de carrières. Elles feront de l'enseignement (institutrices ou professeurs); elles seront infirmières; quelques-unes deviendront médecins; et la grande majorité se dirigera vers ce qu'on appelle le tertiaire: employées de banque, de bureaux, *dactylos*, secrétaires, vendeuses. Seulement 28% des femmes qui travaillent occupent des places dans les *stages* de formations professionnelles, et les femmes sont presque totalement absentes des préparations aux métiers industriels.

En ce qui concerne les salaires, pas de problème dans l'enseignement ou dans les professions libérales (médecins, pharmaciens ou avocats) où les salaires et les *honoraires* sont équivalents. Mais dans les *cadres* supérieurs (*chefs d'entreprise*, directeurs de bureaux) l'*écart* entre le salaire d'un homme et celui d'une femme peut atteindre 36%. En général, le salaire moyen des femmes est inférieur de 31,6% à celui des hommes pour un travail égal dans un temps égal.

gap

to get into

typists

training

as for

fees / executives / directors / gap

---

1. **Le M.L.F.** = *Le Mouvement de la Libération des Femmes,* an organization that corresponds to NOW in the United States.

Combien valent les femmes?
Réponse dans Biba Spécial salaires.
SOS Biba emploi. Fnac Forum, du 1° au 8 septembre.

Et pourtant beaucoup de femmes travaillent en France: 8.500.000 sont actuellement sur le marché de l'emploi; elles forment 40% de la population active de la France. Il faut ajouter aussi que 25% des femmes qui travaillent vivent seules ou avec des enfants.

Le Ministère des Droits de la Femme (Ministre: Yvette Roudy) a soumis au printemps 1983 un projet de loi sur l'égalité professionnelle. Ce projet de loi prévoit que chaque entreprise devra chaque année présenter un rapport comparatif de la situation des hommes et des femmes (conditions de travail, promotion, salaire, etc.). Cette mesure *risque* d'avoir des conséquences importantes.   may

QUESTIONS

1. Quelle est la proportion des emplois offerts aux femmes et celle des emplois offerts aux hommes?   2. Vers quel secteur est-ce que la plupart des femmes se dirigent? Quels emplois y a-t-il dans ce secteur?   3. Dans quelle proportion le salaire moyen des femmes est-il inférieur à celui des hommes? 4. Dans quelles professions est-ce que les salaires des hommes et des femmes sont équivalents?   5. Combien de femmes travaillent en France?

Les réformes gouvernementales pour libérer les femmes

Grâce à la campagne énergique du M.L.F., la condition des femmes a beaucoup changé ces dernières années. Des lois ont été votées pour amé-

Yvette Roudy, Ministre des Droits de la Femme

disadvantaged

authority

wrongdoings
alimony and child
  support
retire

to go into training

liorer la vie des femmes, qui, pendant longtemps, étaient nettement *défavorisées* du point de vue social. Avant, la femme, selon le code Napoléon,[2] n'avait aucune autorité officielle dans un couple. Elle était considérée comme une mineure, sous la *tutelle* de son mari. La loi de juillet 1975 lui a donné pleine capacité juridique, et l'autorité parentale est maintenant partagée. Le divorce peut être demandé par consentement mutuel (autrefois, un des époux devait prendre les *torts*) et la femme est assurée de recevoir une *pension alimentaire*.

D'autres lois accordent des avantages aux femmes qui *prennent leur retraite*, et à celles qui n'ont pas travaillé en dehors de la maison, mais qui, une fois que les enfants ont grandi et quitté la maison, veulent *suivre des stages* de formation professionnelle pour apprendre ou réapprendre un métier. Voici d'autres avantages que les femmes ont obtenus ces dernières années:

• Dans l'enseignement, les concours aux Grandes Ecoles (même à la prestigieuse Ecole Polytechnique) sont ouverts aux femmes.

pregnant
government allowances
  granted to new
  mothers

• Un employeur ne peut pas refuser un travail à une femme parce qu'elle est *enceinte*.

• Les *allocations de maternité* sont versées à la mère et non au père.

---

2. **Le code Napoléon:** set of strict rules that regulated divorce in France until 1975. These rules were overtly unfair to women.

- Les *mères célibataires* reçoivent une allocation familiale de maternité et une allocation de salaire unique.   unwed mothers
- Les *veuves* peuvent recevoir des paiements sur la pension de leurs époux décédés.   widows
- Les femmes doivent maintenant signer la déclaration d'*impôts* du couple.   taxes

Enfin la plus grande réforme est évidemment le choix des Françaises d'avoir des enfants quand elles le désirent, grâce à la légalisation de l'*avortement* et la vaste publicité (faite même sur les *chaînes* de télévision) sur   abortion / channels
les différents moyens de contraception. L'interruption volontaire de grossesse, l'I.V.G. (terme technique employé à la place de «l'avortement»), est même remboursée par la Sécurité Sociale.[3] La libération des femmes françaises semble, dans certains cas, en avance sur celle des Américaines.

QUESTIONS   Indiquez si les déclarations suivantes sont vraies ou fausses. Si elles sont fausses, corrigez-les.

1. Le code Napoléon était un ensemble de lois très justes en faveur des femmes.   **2.** La femme française a été pendant longtemps considérée comme une mineure.   **3.** Les concours aux Grandes Ecoles ont toujours été ouverts aux femmes.   **4.** C'est le mari qui signe seul la déclaration d'impôts du couple.   **5.** A la télé française on peut voir de la publicité sur la contraception. **6.** La Sécurité Sociale rembourse les frais médicaux, y compris ceux de l'I.V.G.

Les femmes à l'armée

Avec son *casoar*, ses gants blancs, ses pantalons rouges et son idéal de virilité,   plumed cap
Saint-Cyr, Ecole des Officiers de l'Armée de Terre, est, depuis Napoléon, un solide bastion de la tradition militaire. Depuis l'annonce de l'ouverture du concours aux femmes, les *coups de fil affluent* à Coëtquidan, en Bretagne, là   *coups de téléphone / abondent*
où se trouve Saint-Cyr. Des femmes, des familles demandent des renseignements...

Par milliers, les femmes se présentent au concours de l'armée. Pour quelques places qui leur sont réservées. Car la féminisation de l'armée ne doit se faire que lentement pour ne pas *heurter*...   to shock
«La femme, c'est la *douceur*, elle n'est pas faite pour porter les armes», dit   softness
un *adjudant-chef*. Un lieutenant colonel ajoute: «Nos femmes militaires,   sergeant
nous les traitons avec des *égards*. Nous les appelons Madame. Jusqu'à pré-   consideration
sent, elles étaient *bien au chaud* dans les bureaux. Maintenant, on parle   in a warm place, safe
d'égalité, je ne suis pas d'accord.» L'égalité, c'est un *défi* que certains   challenge
militaires lancent aux femmes. Il va falloir qu'elles s'imposent, qu'elles fassent leurs preuves...

---

3. **Sécurité Sociale** = Medicare

Stage d'entraînement de femmes parachutistes

Leurs preuves, les femmes élèves officiers de l'Ecole du corps administratif et technique (EMCTA) de Coëtquidan les ont faites, depuis 1977, première année de son ouverture aux femmes. Sans être traitées avec vraiment beaucoup plus d'égards que les hommes. Bien sûr, elles se destinent à des postes administratifs. C'est moins choquant que les *unités d'action*. Mais Line, Dominique, Réjane, Christine et les autres ont fait *«leurs classes»* et elles continuent à avoir une formation militaire, sur le terrain.

Sous le casque militaire, quelques-unes ont les lèvres *rehaussées* de rouge ou les *paupières ombrées*. Elles ont les *godillots* aux pieds et portent la tenue de combat. L'une a fait de sages études de lettres classiques, l'autre a été professeur, la troisième a été hôtesse de l'air. L'uniforme ne les heurte pas. «On est même fière de le porter», dit Maryse. La discipline, elles l'acceptent. «De toute façon, il y a autant de discipline et de hiérarchie dans la vie civile. Seulement, ça se voit moins. *Se mettre au garde-à-vous* devant un supérieur, ça devient un réflexe. En fait, ce n'est qu'une forme de politesse.»

Ce dont elles ont le plus besoin, c'est d'efficacité. Elles ont fait des études supérieures, et elles veulent un emploi où elles puissent utiliser au mieux leurs capacités intellectuelles et professionnelles. A leur avis, «le civil» ne leur offrait pas une telle possibilité.

Elles ont commencé à faire leurs classes. Dans une section qui n'était pas mixte. Il leur a fallu faire de longues courses dans les bois de Coëtquidan, *franchir* de hauts murs, sauter des *fossés*, *chuter* de trois mètres, apprendre à *manier* les armes, à tirer...

---

combat groups
went to boot camp

enhanced
with eye shadow / army
    boots

to stand at attention

to jump over / ditches /
    to fall / to handle

Précisons cependant que l'entraînement militaire des femmes est adapté à leur force physique. On ne leur demande pas de courir aussi rapidement que les hommes. Quand leurs collègues masculins s'entraînent au parcours du combattant, elles font du judo. De même, les *sacs* avec lesquels elles sautent en parachute sont moins lourds que ceux des hommes. Par contre, les cours sont mixtes, avec parfaite égalité de traitement, quand les futurs officiers apprennent l'informatique, les mathématiques ou perfectionnent leur connaissance des langues.

backpacks

Comprenant 40% de femmes, l'EMTCA n'est pas, semble-t-il, *misogyne*... mais l'entrée des femmes à des postes de responsabilité dans l'armée ne va-t-elle pas changer la vie militaire?

woman hater

Extrait d'un article de *Marie-Claire* par Annick Gwenaël

QUESTIONS

1. Où se trouve Saint-Cyr, l'Ecole des Officiers de l'Armée de Terre?   **2.** Où trouvait-on des femmes employées par l'armée jusqu'alors?   **3.** En quoi consiste «faire ses classes à Coëtquidan»?   **4.** Dans quelle mesure les femmes acceptent-elles la discipline dans l'armée?   **5.** Qu'est-ce que les femmes espèrent trouver dans la vie militaire?   **6.** Dans quel domaine de l'armée ne trouve-t-on presque pas de femmes?   **7.** Que disent les officiers qui ne sont pas d'accord pour avoir des femmes dans l'armée?

Capsule

Les femmes cinéastes

Les femmes qui font du cinéma sont généralement des actrices, des vedettes. Beaucoup d'actrices françaises sont célèbres et connues même aux Etats-Unis: Catherine Deneuve, Simone Signoret. Mais qui connaît les femmes qui sont derrière la caméra, comme *opératrices, metteurs en scène, cinéastes?* Elles sont de plus en plus nombreuses et leurs noms deviennent aussi connus que John Ford et Francis Coppola aux Etats-Unis. Un film signé Yannick Bellon, Agnès Varda, Nina Companeez, Jeanne Moreau *porte un cachet* de qualité. Pourtant les films de ces femmes, bien reçus par les critiques, ne sont pas devenus des succès commerciaux. Pourquoi? Pour deux raisons: le cinéma, côté production, est encore un monde d'hommes où il faut se battre pour se faire accepter. En plus, ces femmes *réalisatrices* refusent de faire des films «faciles» (*policiers*, comiques); elles préfèrent produire des films *insolites, inquiétants*, provocants (comme par exemple le film de Yannick Bellon sur le *viol* ou celui d'Agnès Varda sur les angoisses d'une jeune femme atteinte d'un cancer, «Cléo de cinq à sept»).

camera-operators / directors / film producers

bears the stamp

producers / detective movies inhabituels / disturbing rape

Agnès Varda au travail

QUESTIONS   Terminez les phrases suivantes avec les renseignements que vous trouverez dans le texte du *Capsule*.

1. Les femmes au cinéma sont généralement des...   **2.** Derrière la caméra, les femmes ont les occupations suivantes:...   **3.** Voici trois noms de femmes cinéastes:...   **4.** Les films des femmes cinéastes ne sont pas des succès commerciaux, parce que...   **5.** Voici deux exemples de sujets inquiétants traités par des femmes productrices de films:...

Lectures de distraction

Les conflits d'une femme qui travaille

Dans son livre Je veux rentrer à la maison, *Christiane Collange analyse les conflits que rencontre une jeune femme qui a essayé de concilier sa vie professionnelle et sa vie familiale.*

Cette jeune femme avait tout pour être heureuse. Un mari *cadre moyen* dans une banque nationalisée, deux enfants en bonne santé, quatre ans et un an. Un joli *pavillon* acheté *à crédit*... un lave-vaisselle, une auto en bon état et une place de secrétaire de direction correctement payée.

middle manager

tract house / in installments

Le mari n'appartenait pas à la race des pachas. En rentrant le soir, il assumait sa part des travaux et en partant, il *déposait* les enfants l'un chez la *nourrice*, l'autre à la *maternelle*. Voici les conflits que cette jeune femme rencontre jour après jour:

dropped off / babysitter
nursery school

- La baguette fraîche, qu'il faut acheter en sortant du bureau à Paris. (Il est *impensable* pour des Français de manger du pain industriel tous les jours.)

out of the question

- La mauvaise humeur du patron qui vous donne une lettre urgente de dernière minute alors qu'il faut passer chercher le bébé chez la nourrice, le plus grand à la *garderie*, les *baigner* et les faire dîner avant de pouvoir s'asseoir cinq minutes pour *souffler*.

day-care center / to bathe / to rest

- Le *linge* sale qui s'accumule pendant la semaine, bien qu'on fasse *tourner* la machine le soir avant de se coucher.

laundry / to run

- Les *grognements* du bébé, chaque matin, quand on le réveille; il préférerait *faire la grasse matinée*!

grumblings
to sleep late

- Les récriminations du grand qui veut avoir sa maman le mercredi[4] et se plaint qu'on le mette à la garderie alors que ses copains peuvent rester à la maison ce jour-là.

- L'incohérence des menus de la semaine. On se pose tous les jours la même question: Qu'est-ce qu'on va manger ce soir? On ne *fait les courses* qu'une fois par semaine au supermarché, mais à partir du jeudi on obtient au menu des combinaisons bizarres comme: des œufs avec du *chou-fleur* ou des *saucisses de Francfort* avec des *pâtes* vertes!

does errands

cauliflower
hot dogs / noodles

- Le *casse-tête* des vacances scolaires. Que faire des enfants quand il y a des vacances? Il n'y a qu'à *supplier* la belle-mère de prendre le plus grand. Bien content qu'elle soit libre!

headache
to beg

- Le *manque* de sommeil. On jure de se coucher tôt chaque soir mais on a quand même envie de regarder le film à la télévision pour se changer les idées. Puis, il faut *mettre un peu d'ordre*, préparer les affaires des petits pour le lendemain matin. Avant d'avoir eu le temps de s'en apercevoir, il n'est pas loin d'onze heures et le *réveil* sonnera à 6h30 le lendemain.

to tidy up

alarm clock

Tout le fragile équilibre de la vie de cette jeune femme s'*effondrera* et tournera à la catastrophe quand l'un des petits a la *rougeole*. La maman ne peut que prendre un *congé* pour *grippe* pour elle (les congés pour maladie d'un enfant étant très mal vus) afin de pouvoir rester à la maison.

will collapse
measles
(sick) leave / flu

Si bien que beaucoup de femmes n'ont plus honte de désirer «rester au foyer» et *quitte à* avoir moins d'argent à dépenser, préfèrent avoir une vie domestique un peu confinée où leurs seules activités sont les *tâches ménagères*.

at the risk of
household tasks

Adapté de *Je veux rentrer à la maison* par Christiane Collange

---

4. In France, children have no school on Wednesday.

QUESTIONS   Choisissez la fin de phrase qui complète le mieux chaque déclaration suivante.

1. Dans cette famille,
   a. il y a une nourrice qui vit à la maison.
   b. le mari vit comme un pacha.
   c. le mari et la femme se partagent les travaux.

2. Le patron de la jeune femme
   a. passe prendre le bébé chez la nourrice.
   b. dicte à sa secrétaire une lettre de dernière minute.
   c. a besoin de s'asseoir cinq minutes pour souffler.

3. Le bébé grogne
   a. parce qu'il va se réveiller.
   b. parce qu'il est trop gros.
   c. parce qu'il voudrait dormir plus longtemps.

4. Le grand n'est pas content le mercredi
   a. parce qu'il n'y a pas d'école.
   b. parce qu'il va à la garderie.
   c. parce que sa maman est à la maison.

5. La jeune femme manque de sommeil
   a. parce qu'elle a trop de choses à faire.
   b. parce qu'elle sort souvent le soir.
   c. parce qu'elle souffre d'insomnie.

6. Finalement, cette jeune femme
   a. a honte de travailler.
   b. attrape la rougeole.
   c. préfère avoir une vie domestique un peu confinée.

«Help!»

Bretecher utilise ses talents pour créer des bandes dessinées, non seulement pour faire rire les gens mais aussi pour les faire réfléchir. A travers son humour, elle met en lumière des questions importantes sur la vie et le rôle de la femme contemporaine.

se donner du mal
  to work hard
penses-tu no
  problem
mettre la table to
  set the table
les couverts
  silverware

les trucs things

le manche handle

le presse-citron
  juicer

les puces flea
  market

ça usine dur you
  are working up
  a storm
les à pied the ones
  with a stem
rond round
carré square
up coup de main
  some help
mon bijou honey

QUESTIONS

1. Que fait la maîtresse de maison?   2. Que propose l'invitée?   3. Pourquoi l'invitée ne trouve-t-elle pas les couverts?   4. Qui met la table finalement?   5. Où sont les hommes? Que font-ils?   6. Expliquez le commentaire du mari.   7. Pourquoi la maîtresse de maison court-elle à la cuisine?   8. Qu'est-il arrivé à son plat?   9. Que propose le mari? Pourquoi est-il trop tard?   10. Cette B.D. vous a-t-elle fait rire? Quelles conclusions en tirez-vous sur les rôles des femmes et des hommes en France?

Exercices de vocabulaire

A. Mettez dans les phrases suivantes un des mots de la liste.

l'avortement	la garderie
la pension alimentaire	faire ses classes
travaux ménagers	vedettes
une réalisatrice	un adjudant

1. Le mercredi, les mères de famille qui travaillent envoient leurs enfants à _____.

2. Agnès Varda est _____ de cinéma.

3. Au début du service militaire, un jeune soldat va à l'entraînement pour _____.

4. Certaines femmes qui travaillent dans le cinéma sont maintenant derrière la caméra; elles ne veulent plus seulement être des _____.

5. Après le divorce, les femmes reçoivent de leur ancien mari _____.

6. _____ est une action qui demande beaucoup de réflexion et est un problème moral et religieux pour beaucoup de personnes.

7. Les hommes libérés participent de plus en plus aux _____.

B. Dans la liste des mots suivants, indiquez celui qui n'appartient pas à la série et utilisez-le dans une phrase.

1. a. lait
   b. beurre
   c. chou-fleur
   d. miel

2. a. institutrice
   b. maîtresse de maison
   c. infirmière
   d. dactylo

3. a. franchir des murs
   b. sauter des fossés
   c. chuter de trois mètres
   d. faire le ménage

4. a. la grippe
   b. la rougeole
   c. la grasse matinée
   d. la fatigue

5. a. s'effondrer
   b. mettre de l'ordre
   c. faire le ménage
   d. faire les courses

C. Trouvez un synonyme des mots en italique.

1. Il y a une *différence* énorme entre les *professions* exercées par les hommes et les *professions* exercées par les femmes. («La femme au travail»)

2. Autrefois, la femme était sous *l'autorité* de son mari. («Réformes gouvernementales...»)

3. On ne peut pas refuser un emploi à une femme *qui attend un bébé*. («Réformes gouvernementales...»)

4. Les mères *non mariées* reçoivent une allocation familiale. («Réformes gouvernementales...»)

5. Mon amie m'a donné *un coup de téléphone*. («Les femmes à l'armée»)

6. Beaucoup d'hommes *n'aiment pas les femmes*. («Les femmes à l'armée»)

7. Les films faits par des femmes ont des sujets *inhabituels*. («Les femmes cinéastes»)

8. Quand une femme travaille à l'extérieur tout en élevant des enfants, elle rencontre souvent des *problèmes* qui ne sont pas faciles à résoudre. («Introduction»)

A votre tour

1. Etes-vous pour ou contre la libération des femmes? Justifiez votre réponse.

2. Est-ce que les femmes de votre famille ont une carrière ou restent-elles (par choix ou obligation) à la maison? Donnez leurs raisons.

3. Qui s'occupe des travaux ménagers chez vous? Votre mère exclusivement? Vous? Tout le monde y participe?

4. Est-il plus important pour une femme d'avoir une carrière ou d'élever une famille? Justifiez votre réponse.

5. Quelles femmes-écrivains connaissez-vous en France aussi bien que dans d'autres pays?

6. A quels postes sont des femmes au gouvernement aux Etats-Unis? Que pensez-vous de l'idée d'avoir des femmes au gouvernement?

7. Quels points communs et quelles différences voyez-vous dans la situation de la jeune femme du texte de C. Collange et une jeune femme américaine dans la même condition? Quelles solutions proposez-vous pour améliorer la vie de cette famille?

Interviews

1. Vous interviewez une actrice qui est en faveur du mouvement féministe (Jane Fonda, Shirley McLaine, Barbra Streisand). Vous lui posez des questions sur les raisons de son action politique. Quels sont les points importants

encore à acquérir en ce qui concerne la libération des femmes? Quels progrès
ont été accomplis récemment? Comment peut-on éveiller la conscience des
femmes? etc.

2. Vous interviewez une femme candidate à la présidence. Quel est son programme? A quels problèmes va-t-elle s'adresser d'abord? Quels changements la
présence d'une femme à la tête du gouvernement apportera-t-elle au pays? etc.

Discussions orales ou écrites

1. Pensez-vous que les hommes et les femmes ont des façons différentes de
percevoir les choses, ont des valeurs, des buts différents? En dehors des iné-
galités sociales ou culturelles, y a-t-il fondamentalement des différences entre
la façon de penser, de sentir chez un homme ou une femme?

2. Imaginez un pays où les hommes et les femmes auraient des droits égaux.
Donnez des exemples de situations où il y aurait beaucoup de changements.
Organisez un débat.

Politique: plus de femmes au pouvoir; moins de problèmes?

Famille: les hommes restent à la maison, les femmes vont travailler toute la
journée.

Travail: les hommes qui travaillent sont «dans le tertiaire»; les femmes ont les
postes importants.

3. La mode, le maquillage, les jeux pour enfants, les sports violents..., tout
semble différencier le masculin du féminin. Organisez un débat à ce sujet: les
choses sont bien ainsi ou, au contraire, il faut que cela change.

Activités

1. Jouez une scène avec un (une) camarade: un mari et sa femme ont inversé
les rôles traditionnels: le mari reste à la maison et s'occupe du ménage, des
enfants; la femme travaille à l'extérieur et fait vivre la famille. Comment sont
réparties les tâches ménagères? Chaque personne est-elle satisfaite de son
sort?

2. Faites un sondage parmi les étudiants de la classe pour savoir qui est pour
la participation des femmes aux unités de combat dans l'armée et qui est
contre. Les femmes ont-elles le sens de l'organisation, une résistance physique
suffisante? Sont-elles assez agressives et disciplinées? etc.

Coup d'œil sur le monde francophone

Cette femme représente l'avenir dans un coin du monde où les femmes restaient traditionnellement à la maison. Elle travaille dans un centre audio-visuel à Bouaké, Côte d'Ivoire.

Les jeunes et l'enseignement 14

Surdoués et micro-mioches

Introduction

headache, puzzle
teaching / secondary
  school
diploma / Bachelor's
  degree

rambunctious /
  permissiveness
kindergarten
video-kids / hazing

Le système scolaire français est un véritable casse-tête: *école primaire, école secondaire, premier cycle, second cycle,* enseignement *long ou court, lycée ou* collège, *université, institut, Grande Ecole,*[1] *baccalauréat,*[2] brevet, diplôme, licence, *maîtrise, doctorat. Cet article vous donnera une idée plus claire sur les espoirs et les angoisses des jeunes Français. Comment les jeunes se comportent-ils en classe? Sont-ils* chahuteurs *ou attentifs, aiment-ils l'autorité ou le* laxisme? *Comment occupent-ils leurs loisirs? Est-ce que leur profession future les inquiète? De l'*école maternelle *au* doctorat d'état, *des* micro-mioches *aux* bizutages, *vous connaîtrez l'essentiel sur l'enseignement français.*

Lectures d'information

Organisation des études en France

steps

channel

Le système scolaire français est très compliqué: il présente plusieurs *étapes* et offre des directions variées. Jusqu'à onze ans, les enfants suivent la même *filière.* Ils commencent à l'école maternelle entre deux et cinq ans, puis passent à l'école élémentaire, appelée aussi primaire ou communale.

A onze ans pour certains, à douze ou treize ans pour d'autres, ils entrent dans les écoles dites secondaires; après orientation, ils sont placés dans des sections modernes ou une section pratique. Les élèves des sections modernes reçoivent leur enseignement dans des lycées. Les cours de la section pratique sont donnés dans des collèges d'enseignement général (C.E.G.) ou d'enseignement technique (C.E.T.).

A la fin d'un premier cycle (de la sixième à la troisième année d'études[3]), il y a une autre orientation. Certains élèves de la section pratique arrêtent là leurs études et entrent en apprentissage pour aller travailler et gagner de l'argent. Pour les autres, le second cycle commence. Il faut alors distinguer l'enseignement long et l'enseignement court. Dans l'enseignement long, les lycées, en trois ans (la seconde, la première, la terminale) préparent au bac-

---

1. **Grande Ecole:** see **Capsule,** p. 214.
2. **Le baccalauréat** is the exam taken by high-school students before they can go to college.
3. In the French system, grades are counted from twelve up to one, the reverse of the system in the U.S.

L'Organisation scolaire en France

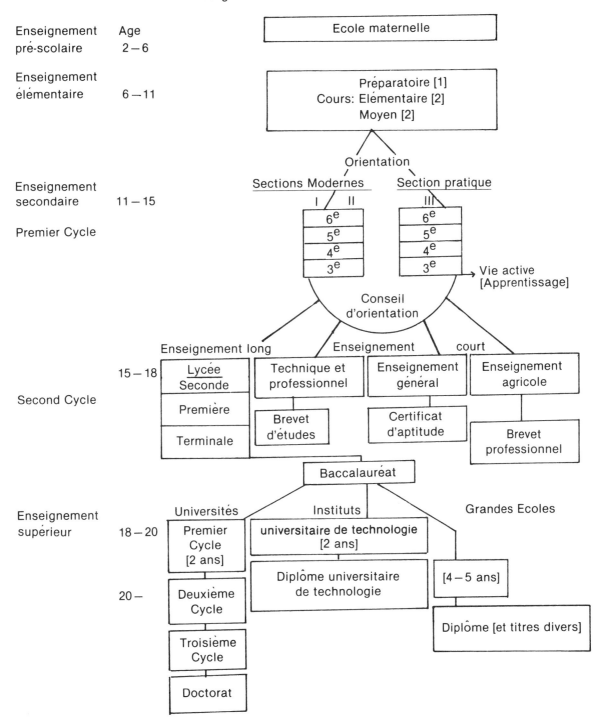

calauréat dans la branche choisie: lettres, sciences, maths, etc. Dans l'enseignement court, les collèges techniques spécialisés conduisent à un brevet ou à un certificat d'aptitude. 50% seulement des lycéens réussissent au baccalauréat, et seuls les lauréats peuvent commencer leurs études d'enseignement supérieur.

De dix-huit à vingt-cinq ans (ou plus) on va à l'université ou dans un Institut universitaire de technologie (IUT). Dans une université (UER—unité d'enseignement et de recherche), on reçoit à la fin des études du premier cycle le DEUG (diplôme d'études universitaires générales). Ensuite, à la fin du deuxième cycle les étudiants ont le choix: ils peuvent arrêter leurs études; ils peuvent obtenir une licence de lettres ou de sciences (un an de préparation); ils peuvent obtenir un CAPES (certificat d'aptitude à l'enseignement du second degré); ou ils peuvent obtenir une maîtrise qui leur ouvre la porte du troisième cycle. A ce moment ils peuvent se préparer au *concours* de l'agrégation[3] ou au doctorat du troisième cycle,[4] ou au doctorat d'état.[5]

Dans certaines *disciplines*, comme la médecine ou la pharmacie, ces étapes sont supprimées et on passe un doctorat à la fin de six ans d'études (la médecine) ou un diplôme après cinq ans (la pharmacie).

Les instituts universitaires de technologie, après deux ans d'études *confèrent* un diplôme dans le domaine technique, industriel, commercial, administratif, etc.

Enfin les Grandes Ecoles forment des *cadres supérieurs* et par la qualité de leur enseignement préparent l'élite intellectuelle de la France.

(margin notes: contest / fields / grant / executives)

QUESTIONS   Indiquez si les déclarations suivantes sont vraies ou fausses. Si elles sont fausses, corrigez-les.

1. On va à l'école maternelle jusqu'à onze ans.   2. Le lycée et le collège sont des écoles d'enseignement secondaire.   3. Un CET est comme une université.   4. Le baccalauréat est un examen facile auquel presque tout le monde réussit.   5. Il faut passer le DEUG avant de faire une licence ou une maîtrise. 6. L'agrégation est un concours très difficile.   7. Les IUT offrent un diplôme après deux années d'études.   8. Il faut passer une licence avant de devenir docteur en médecine.

Opinions et espoirs des jeunes

Une journaliste, Jacqueline Rémy, a rencontré un groupe d'élèves du lycée Balzac à Paris et leur a posé des questions; ils ont répondu spontanément et lui ont confié leurs problèmes, leurs opinions, leurs espoirs.

---

4. L'agrégation is a highly competitive exam, leading to a teaching post in a lycée.
5. Le doctorat du 3e cycle is a diploma which, although less competitive and less prestigious than the agrégation, also leads to a teaching post in a lycée.
6. Le doctorat d'état is the equivalent of a PhD. It is a prerequisite for teaching in a university.

Ils ont raconté comment ils chahutent leurs professeurs: ils boivent en classe, jouent aux cartes, font bouger les tables, poussent des cris d'animaux ou dorment ostensiblement. Les professeurs qui leur *font la morale* et ne les punissent pas, ils les traitent de *laxistes*. Ils jugent sévèrement l'incompétence de certains professeurs qui «lisent le livre *en cours*, racontent leur vie personnelle, mettent six mois à rendre les *devoirs* ou les *égarent*.» Ils respectent les profs qui «*font leur boulot*» et assurent qu'ils ont besoin d'un peu d'autorité. Cette attitude en face de l'autorité est la même vis-à-vis des parents. Ces jeunes disent que si tout leur est permis, ils pensent que leurs parents sont indifférents. Ils veulent être *bridés*, pas *brimés*.

Le symbole de leur *majorité*, c'est le bac et le *permis de conduire*. Si on leur demande ce qu'ils attendent de la vie, ils disent en riant: «Du *fric*, beaucoup de fric», puis plus sérieux «un métier» et rêveurs «des voyages, *plein de* voyages».

Leur profession future les inquiète. Seront-ils *informaticiens, puéricultrices*, pharmaciens, psychiatres, *pilotes d'essai*? Tous sont d'avis qu'un maximum de diplômes apporte un maximum de chances et déclarent: «Il faut *viser* haut». Passer le bac d'abord, et toutes les portes s'ouvrent. Ils pensent à l'amour, en parlent, mais leurs «*boums*» sont plus sages qu'on pourrait le croire: jus de fruits, gâteaux secs, spots *clignotants* et musique. Le Grand Amour, c'est pour demain; en attendant ils *sortent avec un tel, une telle*, sont plutôt *copains-copines*.

Leurs distractions sont le cinéma, la *patinoire*, le tennis, le bowling. Ils paient leurs sorties, leurs cigarettes avec leur argent de poche, et en travaillant comme baby-sitter, *pompiste*.

Tous ont la même passion: la musique. «Quand j'écoute un disque, j'oublie mes problèmes», dit Serge. Quels problèmes? Les conflits avec leurs parents, absents ou absorbés, leurs mauvaises notes, leurs échecs, leur incertitude devant l'avenir, l'incohérence et l'hypocrisie du monde, leurs doutes religieux. Et, bien sûr, ils portent tous des T-shirts pacifistes. Vous reconnaissez-vous dans ce tableau?

Adapté d'un article de *l'Express*, par Jacqueline Rémy

Glossary
- scold
- permissive
- *en classe*
- homework
- lose / do their job
- restrained / bullied
- reaching adulthood / driver's license
- *l'argent* (slang)
- lots of
- computer operators / advisors in child rearing / test pilots
- to aim
- teenage parties
- blinking
- date / such and such / buddy-buddy
- skating rink
- gas station attendant

QUESTIONS

1. Que font les élèves français qui chahutent un professeur?   2. Donnez des exemples d'incompétence d'un professeur.   3. Quel est le symbole de la majorité pour les jeunes Français?   4. Qu'est-ce qui donne le maximum de chances pour une bonne profession quand on est élève?   5. Qu'est-ce qui ouvre les portes pour des jeunes Français?   6. Quelles sont les distractions des jeunes?   7. Quels sont leurs problèmes?

Capsules

Les Grandes Ecoles

Elles ont été fondées par Napoléon. Ce sont des établissements qui ont la fonction de procurer un enseignement excellent, difficile, spécialisé au niveau universitaire mais qui sont indépendants de l'université. Pour y entrer, il faut passer un concours extrêmement difficile qu'on prépare dans des classes spéciales au lycée après le baccalauréat. Peu de candidats réussissent à ce concours. Mais ceux qui entrent dans une Grande Ecole sont pris en charge financièrement pendant trois ans et ont les meilleurs professeurs de France.

L'Ecole Normale Supérieure forme des professeurs de lycées et d'universités dans les disciplines littéraires, classiques, philosophiques, pour l'histoire, les mathématiques, les sciences. L'Ecole Nationale d'Administration prépare des grands administrateurs, des ministres, des présidents de la République. De l'Ecole Polytechnique sortent des ingénieurs, des mathématiciens, des généraux.

Toutes ces écoles ont un prestige énorme et un diplôme de Grande École vous ouvre les portes d'une carrière professionnelle brillante.

Le bizutage

Dans tous les pays, les étudiants doivent... étudier! Mais ils aiment aussi
chahuter, s'amuser. Les étudiants français ne sont pas différents des autres.   to tease
Quand vous entrez en première année de faculté ou de Grande École, il faut
vous préparer à passer les épreuves du *bizutage*! Certaines de ces épreuves sont   hazing
difficiles, d'autres le sont moins. Avez-vous déjà essayé de mesurer *la largeur*   width
d'un boulevard à l'aide d'une... brosse à dents? Est-il vraiment nécessaire de
polir les *clous* des passages pour piétons? Il faudra le faire si vous voulez être   to polish / metal markers
accepté par les étudiants plus anciens et pour que vous ne soyez plus appelé
«*bleu*» ou «*bizut*». Vous a-t-on déjà forcé à monter dans un train qui va de   freshman
Paris à Lyon, avec rien dans les mains et rien dans les poches (de votre
manteau qui est d'ailleurs votre *seul* vêtement)? Vous pouvez facilement   only
imaginer les complications d'une telle situation!

Parfois, les étudiants exagèrent et les épreuves ne sont plus amusantes et
peuvent même être dangereuses. C'est pourquoi les autorités les contrôlent de
plus en plus. Le «bizutage» va probablement disparaître. Est-ce un bien? Est-
ce un mal? A vous de décider.

QUESTIONS   Répondez aux questions ou terminez les phrases avec les renseignements que vous trouverez dans les textes des *Capsules*.

1. Les Grandes Ecoles procurent un enseignement...   **2.** On prépare les concours d'entrée dans les Grandes Ecoles...   **3.** Les candidats qui réussissent à
entrer dans une Grande Ecole...   **4.** Voici trois Grandes Ecoles célèbres:
5. Si on sort d'une Grande Ecole, on est sûr d'avoir...   **6.** Qu'aiment faire les
étudiants de tous les pays?   **7.** Connaissez-vous d'autres épreuves de
bizutage?   **8.** Pourquoi les autorités contrôlent-elles de plus en plus le
bizutage?   **9.** Le bizutage est-il très répandu aux Etats-Unis? Pourquoi?
10. Est-ce un bien ou un mal que le bizutage soit prêt à disparaître?
Pourquoi?

Lectures de distraction

Les micro-mioches

—Mais non, voyons, Papa. Si tu n'appuies pas sur Return, elle ne te répondra
jamais.

C'est la jeune Corinne, huit ans, qui est en train d'expliquer à son père,
vraiment pas *doué*, comment fonctionne la machine. Un groupe d'enfants   talented

gifted (intellectually)
ordinary

scared

witches

turtle / bear

computers that give
    dictations / to witness

to master / tools

dans le Hall du Centre Mondial de l'Informatique entoure des consoles Pomme II, et les parents admirent, de loin. Les parents sont intimidés, un peu effrayés, tandis que les chers petits se trouvent tout à fait à l'aise. Ils ne sont ni *surdoués*, ni fils d'informaticien, juste des enfants «ordinaires» pour qui l'ordinateur est en train de devenir aussi *banal* qu'un réfrigérateur ou un téléphone.

Les adultes ont peur de casser, ils sont fascinés et *apeurés*; les enfants, eux, s'en servent: ce sont les micro-mioches. Que font-ils donc d'un ordinateur, en dehors des jeux-vidéo qui, venant des Etats-Unis, ont envahi la France: Pac-Man, cet horrible enzyme glouton et les autres monstres, dragons, *sorcières*, Martiens qui se sont multipliés? Les enfants n'ont pas encore besoin d'un ordinateur personnel, comme leur papa et leur maman, qui pourront y enregistrer le budget familial ou y consulter toutes leurs recettes de cuisine ou leur agenda de la journée. Mais pour les enfants, en dehors des jeux, il y a le «logo», qui est le langage d'éducation le plus simple: par l'intermédiaire d'une *tortue* et d'un petit *ours*, c'est l'enfant qui «enseigne» à l'ordinateur et apprend intuitivement la géométrie.

Et il y a aussi ce compromis entre le jeu et l'instrument éducatif qui s'appelle «la dictée magique». Quand on pense que des millions de cassettes de jeux se sont déjà vendus, que déjà les principaux éditeurs scolaires signent des contrats avec les fabricants de micro-ordinateurs pour lancer des «*dictaticiels*», on voit qu'on est en train d'*assister à* une révolution dans l'éducation et que les micro-mioches en seront les premiers bénéficiaires, eux qui sont les premiers à *maîtriser* ces nouveaux *outils*.

—Voyons, Papa, c'est pourtant simple, les ordinateurs.

Adapté d'un article de *l'Express*, par Dominique Simonnet

QUESTIONS   Indiquez si les déclarations suivantes sont vraies ou fausses. Si elles sont fausses, corrigez-les.

1. Les micro-mioches sont des enfants qui savent faire marcher des ordinateurs.   **2.** Il faut appuyer sur le bouton «Return» pour que l'ordinateur réponde.   **3.** Seuls les enfants surdoués peuvent faire fonctionner les ordinateurs.   **4.** Les parents sont intimidés parce qu'ils n'ont pas l'habitude de se servir des ordinateurs.   **5.** Le «logo» sert à enseigner la géométrie aux enfants.

La distribution des prix

C'est la fin de l'année scolaire. Le dernier jour de classe, il y a une grande cérémonie avec les élèves, les parents et les instituteurs, le directeur: les enfants reçoivent des prix pour leur bon travail en classe.

La *distribution des prix,* on l'avait attendue avec impatience, les copains et moi... | awards ceremony

Des prix, il y en a eu pour tout le monde. Agnan, qui est le premier[7] de la classe et le *chouchou* de la maîtresse, il a eu le prix d'arithmétique, le prix d'histoire, le prix de géographie, le prix de grammaire, le prix d'orthographe, le prix de sciences et le prix de *conduite.* Il est fou, Agnan. Eudes, qui est très fort et qui aime bien *donner des coups de poing* sur le nez des copains, il a eu le prix de gymnastique. Alceste, un gros copain qui mange tout le temps, a eu un prix d'assiduité; ça veut dire qu'il vient tout le temps à l'école et il le mérite, ce prix, parce que sa maman ne veut pas de lui dans la cuisine et si ce n'est pas pour rester dans la cuisine, Alceste *aime autant* venir à l'école. Geoffroy, celui qui a un papa très riche qui lui achète tout ce qu'il veut, a eu le prix de *bonne tenue,* parce qu'il est toujours très bien habillé. Il y a des fois où il est arrivé en classe habillé en cow-boy, en Martien ou en Mousquetaire et il était vraiment *chouette.* Rufus a eu le prix de dessin parce qu'il a eu une grosse boîte de crayons de couleur pour son anniversaire. Clotaire, qui est le dernier de la classe, a eu le prix de la camaraderie et moi j'ai eu le prix d'éloquence...

teacher's pet
good behavior
to punch

would rather

nice appearance

swell

La maîtresse aussi a eu des prix. Chacun de nous lui a apporté un cadeau que nos papas et nos mamans ont acheté. Elle a eu quatorze stylos et huit *poudriers,* la maîtresse. Elle était drôlement contente; elle a dit qu'elle n'en avait jamais eu *autant,* même les autres années. Et puis, la maîtresse nous a embrassés, elle a dit qu'on devait bien faire nos devoirs de vacances, être sages, obéir à nos papas et à nos mamans, nous reposer, lui envoyer des cartes postales et elle est partie. Nous sommes tous sortis de l'école sur le trottoir et les papas et les mamans ont commencé à parler entre eux. Ils disaient des tas de choses comme: «Le vôtre a bien travaillé» et «Le mien, il a été malade» et aussi «Le nôtre est paresseux, c'est dommage, parce qu'il a beaucoup de facilité», et puis «Moi, quand j'avais l'âge de ce petit *crétin*, j'étais tout le temps premier, mais maintenant, les enfants ne veulent plus s'intéresser aux études, c'est à cause de la télévision»...

compacts
as many

idiot

Extrait de *Le Petit Nicolas* par Sempé et Goscinny

QUESTIONS Choisissez l'explication qui complète le mieux chacune des phrases suivantes:

1. Agnan a eu beaucoup de prix
   a. parce qu'il est surdoué.
   b. parce qu'il est le chouchou de la maîtresse.
   c. parce qu'il est fou.

---

7. **Premier, dernier:** French children are ranked according to their grades in all subjects: *le premier* is the best (A student); *le dernier* is the last (D, F student).

2. Eudes a eu le premier prix de gymnastique
   a. parce qu'il est très petit.
   b. parce qu'il est pacifiste.
   c. parce qu'il est très fort.

3. La maman d'Alceste ne veut pas de lui dans sa cuisine
   a. parce qu'il mange tout le temps.
   b. parce qu'il ne sait pas faire la cuisine.
   c. parce qu'il veut aider sa mère à cuisiner.

4. Nicolas a eu le prix
   a. d'assiduité.
   b. d'éloquence.
   c. de conduite.

5. La maîtresse a recommandé aux enfants
   a. de lui envoyer des cartes postales.
   b. de s'amuser.
   c. de l'embrasser.

Exercices de vocabulaire

A. Dans chaque groupe d'expressions ci-dessous, une expression n'appartient pas à la série. Expliquez pourquoi.

1. a. école maternelle
   b. lycée
   c. collège
   d. brevet

2. a. maîtrise
   b. doctorat
   c. casse-tête
   d. licence

3. a. TGV
   b. DEUG
   c. CAPES
   d. UER

4. a. informaticien
   b. micro-mioche
   c. ordinateur
   d. biologiste

B. Dans les phrases suivantes, remplacez l'expression en italique par un synonyme que vous trouverez dans les textes.

1. L'organisation des écoles françaises est *un travail difficile*. («Introduction»)

2. Les élèves indisciplinés *se moquent de* leurs professeurs. («Opinions»...)

3. Les jeunes Français n'aiment pas les profs *sans discipline*. («Opinions»...)

4. Les étudiants aimeraient avoir *plus de fric* pour voyager. («Opinions»...)

5. *En classe*, il faut écouter le professeur. («Organisation des études»...)

6. Il faudrait rendre les bâtiments *plus neufs*. («Opinions»...)

7. Les micro-mioches ne sont pas des enfants *super-intelligents*. («Les micro-mioches»)

8. La maîtresse a reçu comme cadeau *une boîte à poudre*. («La distribution des prix»)

C. Trouvez de quelle école sortent les personnages représentés sur le dessin.

MODÈLE: Le petit garçon (*b*) sort de l'école maternelle.

A votre tour

1. Reconnaissez-vous quelques-uns de vos problèmes à travers ceux des jeunes Français? Lesquels?
2. Aimeriez-vous avoir un enseignement par ordinateur, ou préférez-vous l'atmosphère de la classe? Pourquoi?
3. Préférez-vous de la part de vos profs une attitude laxiste ou la discipline? Pourquoi?
4. Vers quelle direction est-ce que vos études vous dirigent? Suivez-vous des cours qui vous aideront à trouver un travail plus tard, ou suivez-vous des cours que vous aimez sans aucun but précis?

Interviews

1. Demandez à un(e) camarade dans quel domaine il (elle) se dirige: affaires, langues, médecine, carrière artistique, et demandez-lui quels sont les facteurs qui ont motivé son choix, par exemple, ses parents, un mentor, des conditions économiques, etc.
2. Vos camarades étaient-ils sages ou chahuteurs? Demandez-leur s'ils se rappellent un chahut dirigé contre un professeur. Peuvent-ils le raconter?
3. Trouvez un(e) étudiant(e) étranger(ère) qui passe une année à votre université. Interviewez-le (la) et demandez-lui de décrire ses réactions à la vie universitaire américaine.

Discussions orales ou écrites

1. La télévision est-elle nuisible aux études? Donnez les pour et les contre. Par exemple:
Pour: elle enrichit, elle ouvre des horizons, permet de connaître d'autres cultures, d'autres pays sans quitter sa maison.
Contre: il y a trop de programmes débiles (*stupid*), inutiles; c'est un passe-temps qui abêtit et fait perdre du temps.
2. Etes-vous en faveur d'un examen de fin d'études comme le baccalauréat, ou d'un contrôle continu comme aux Etats-Unis? Discutez le problème.
Le bac: la sélection est sévère; on n'a qu'une chance par an; la compétition est plus dure; on travaille davantage.
Le contrôle continu: on est jugé plusieurs fois dans l'année, les progrès et les problèmes sont notés, on a tendance à faire moins d'efforts.

Des étudiantes à l'Université de Paris

Activités

1. Faites un sondage dans la classe pour savoir quelles sont les disciplines les plus populaires parmi vos camarades: la philo, les arts, la gymnastique, le français. Essayez de trouver pourquoi.

2. Quelles sont les qualités du professeur idéal? Comment se comporte-t-il en classe: il a une attitude traditionnelle (distante) ou bien il est copain-copain avec les élèves? Il reste assis à son bureau, ou il marche dans la classe et s'adresse à chacun(e)? D'un autre côté, quels sont les défauts du mauvais professeur: il a des chouchoux; il ne corrige pas les copies des élèves; il n'est pas préparé... Organisez un débat.

Coup d'œil sur le monde francophone

On peut trouver des établissements scolaires de langue française partout dans le monde. Au lycée français de New York, des élèves suivent un régime d'enseignement identique à celui d'un lycée en France.

La politique 15

Comment fonctionne la République française

Introduction

elected

Comme les Etats-Unis, la France est une démocratie, c'est-à-dire que la plupart des personnes qui la gouvernent sont élues *par le peuple. Bien sûr, il existe plusieurs différences entre les deux pays: le Président de la République est élu pour sept ans au lieu de quatre; c'est le chef de l'état; il veille au respect de la constitution et il promulgue les lois. Il y a aussi, en France, un Premier Ministre: c'est le chef du gouvernement; il est nommé par le Président et il assure l'exécution des lois. Une autre différence, c'est l'existence en France de ministères qui n'existent pas aux Etats-*

woman's rights / leisure

Unis: les Ministères des Droits de la Femme, *de la Culture, du* Temps libre, *des Rapatriés.*[1]

La France est connue aussi pour le grand nombre de ses partis politiques. A l'extrême gauche, il y a le parti communiste, puis, plus modéré, le parti socialiste, qui est au pouvoir depuis 1981. A droite, il y a les partis RPR (Rassemblement pour la République) et UDF (Union pour la Démocratie). Enfin, il y a des partis qui ne jouent pas de rôle important: les royalistes, les anarchistes, les écologistes.

unemployment

nuclear power plants

Malgré la prospérité apparente du pays, la France a les mêmes problèmes que beaucoup d'autres pays: l'inflation, le chômage, *les travailleurs immigrés, l'opposition aux* centrales nucléaires... *Ce n'est pas un travail reposant d'être président d'un pays!*

Lectures d'information

Le gouvernement français

Dans le gouvernement français, il y a des ministères qui correspondent à certains "departments" du gouvernement américain: "Secretary of State" correspond au Ministre des Affaires Etrangères, "Defense" correspond à l'Armée en France, "Department of the Interior" s'appelle le Ministère de l'Environnement. Toutefois, il y a des ministères en France qui ont des responsabilités bien spécialisées et qui n'ont pas toujours leur équivalent aux Etats-Unis. Voici des ministères typiquement français:

1. Ministère de l'Intérieur–Décentralisation:
C'est le ministère chargé de maintenir l'ordre public grâce aux forces de police (C.R.S.: Compagnie Républicaine de Sécurité, Gardes Républicains) qu'il a sous ses ordres. Il s'occupe aussi de décentraliser l'administration en donnant

---

1. **Les Rapatriés** are French citizens from former colonies who came back to live in France.

Les Gardes Républicains devant les Invalides

à chaque région une certaine indépendance au point de vue industriel, économique et commercial.

2. Ministère du Plan et aménagement du territoire:
Ce ministère s'occupe de l'*urbanisme*, des installations *portuaires*, des autoroutes et de l'impact que ces différentes constructions ont sur chaque région.

urban planning / harbor

3. Ministère de l'Education nationale:
Le ministère qui s'occupe de toutes les écoles, depuis l'école maternelle jusqu'à l'université. L'éducation en France est sous la responsabilité de l'Etat, qui, seul, *décerne* les diplômes; même pour les élèves inscrits dans les écoles privées.

grants

4. Ministère des *Anciens combattants:*
Le ministère qui s'occupe des droits et des privilèges qu'ont les soldats des Première et Seconde Guerres mondiales, des guerres d'Indochine et d'Algérie.

veterans

5. Ministère du Temps libre:
Ce ministère s'occupe de l'organisation des loisirs, mais aussi de la jeunesse, des sports et du tourisme.

6. Ministère de l'Artisanat:
Il s'agit de protéger la liberté de fonctionnement des *petites entreprises* privées.

small businesses

7. Ministère de la Culture:
Le ministère chargé des œuvres d'art, du théâtre, du cinéma, des spectacles de ballet, des expositions de peinture.

8. Ministère des P.T.T.:
Ce ministère est chargé des postes, téléphones et télécommunications.

9. Ministère de la Consommation:
C'est le ministère chargé de contrôler les prix mais aussi de s'assurer que les droits des consommateurs et des producteurs sont respectés.

10. Ministère de la Mer:
Dans ce ministère on s'occupe de ce qui concerne la pêche, la marine marchande, les côtes de France, la *marée motrice,* afin de développer une nouvelle économie marine.

energy produced by tides

11. Ministère de la Coopération:
Il s'agit des rapports et des échanges, culturels ou commerciaux, avec les anciennes colonies françaises, surtout en Afrique.

12. Ministère des DOM TOM:
Ce ministère règle exclusivement les rapports avec les Départements d'Outre-Mer[2] (La Martinique, La Guadeloupe, Tahiti, La Nouvelle Calédonie, etc.) et les Territoires d'Outre-Mer[3] (La Réunion, Les Seychelles, etc.).

13. Ministère des Rapatriés:
C'est le ministère qui s'occupe des problèmes des habitants des anciennes colonies qui sont revenus vivre en France.

QUESTIONS

1. Quel est le ministère français qui correspond au "Secretary of State" aux Etats-Unis?   **2.** Quel est le ministère qui s'occupe des écoles?   **3.** Comment appelle-t-on en France la force de police qui maintient l'ordre public?
4. De quoi s'occupe le ministère du Temps libre?   **5.** Quel ministère s'occupe des communications par la poste et le téléphone?   **6.** Qu'est-ce que c'est que la Coopération?   **7.** Nommez des pays qui sont des DOM et des TOM.   **8.** D'où viennent les rapatriés?

La droite et la gauche

La vie politique française est caractérisée par la multiplication des partis. En France, on aime beaucoup «discuter politique», et un humoriste a dit qu'il y a dans ce pays autant de partis que d'habitants. On parle de partis de droite et de partis de gauche et il y a aussi quelques partis du centre. Voici l'origine de ces mots. La salle où siègent les députés est un hémi-

---

2. **DOM** = Département d'Outre-Mer.: a country outside of France that maintains the status of a "department." (France is divided into departments; each department has administrative autonomy.)
3. **TOM** = Territoire d'Outre-Mer: a country outside of France that does not have the status of a department, but which is administered by France.

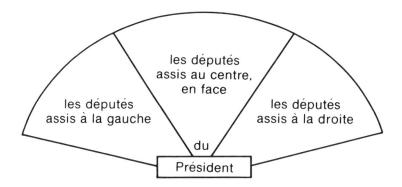

cycle. L'endroit de la salle où les députés étaient assis est devenu une tendance politique.

Comment peut-on définir ces deux tendances qui divisent l'opinion des Français: la droite et la gauche?

En gros et en généralisant beaucoup, on peut dire que la droite, ce sont les conservateurs, les nationalistes, *attachés* aux traditions: famille, patrie, l'Eglise. Les gens de droite *se méfient du peuple* et désirent un gouvernement autoritaire. Ils ont conscience qu'ils *font partie d'*une élite intellectuelle, politique, financière. Ils appartiennent souvent au milieu des *affaires*. Ils croient que la richesse, les biens matériels sont acquis par les qualités d'un individu qui sait mieux *se débrouiller* que les autres. Pour protéger ces biens matériels, il faut une police solide, une armée organisée, une justice sévère.

«L'homme de gauche est généralement rationaliste, universaliste, démocrate, anticolonialiste. Il croit au progrès, pense que le peuple peut se gouverner lui-même; il est contre la noblesse, l'armée, la finance, contre toutes les autorités constituées.»[4]

Les circonstances historiques ont contribué à modifier ces portraits: ainsi le développement du fascisme a favorisé la naissance d'un extrémisme de droite: ultra-nationaliste, anti-parlementaire, agressif.

D'un autre côté, la pénétration du marxisme a contribué à la naissance de partis d'extrême-gauche: le parti communiste, qui représentait jusqu'en 1981 un 5ème des électeurs, *effraie* depuis longtemps la bourgeoisie française.

Les socialistes sont au pouvoir depuis mai 1981; ils veulent prouver que le *bien-être* individuel est plus important que le reste. Les lois qu'ils ont fait voter montrent qu'ils recherchent d'abord l'amélioration de la condition de vie des travailleurs:
• On a fait participer les travailleurs aux bénéfices des entreprises et à la cogestion.
• Les *congés payés* ont été augmentés (cinq semaines).

Marginal glosses: roughly speaking / faithful to / distrust / working class / belong to / business / to manage / scares / well-being / paid vacation

---

4. Taken from *Le Guide Michaut*, p. 229, Hachette, 1974.

— *16 blanc-cassis, 11 pastis, 7 menthes à l'eau, 11 Claquesin, 5 cognacs, 1 Schweppes, 13 demis, 6 bocks, 23 Martini, 9 vermouths, 5 armagnacs, 1 Suze, 1 citron pressé, 2 orangina, 7 Dubonnet et un perrier-citron...*

- Les bénéfices sociaux en cas de chômage sont plus importants.
- Les soins médicaux sont pris en charge, presque en totalité, par la Sécurité Sociale. Même l'interruption volontaire de *grossesse* est remboursée.

  pregnancy

- L'âge de la retraite est avancé de 65 à 55 ans.
- On a nationalisé les banques et beaucoup de grandes entreprises. (Déjà en France, beaucoup d'institutions ou d'entreprises sont dirigées par l'Etat: les Chemins de Fer, le gaz et l'electricité, les Postes, les voitures Renault, les cigarettes et les allumettes.)

  political system
  subsidized

Les ennemis de ce *régime* disent: «Les Français sont devenus une nation d'*assistés*.»

QUESTIONS   Indiquez si les déclarations suivantes sont vraies ou fausses. Si elles sont fausses, corrigez-les.

1. En France, il y a trois grands partis politiques: la gauche, la droite et le centre.   2. Les mots *gauche* et *droite* viennent de la place où les députés sont assis dans l'hémicycle par rapport au Président de l'Assemblée.   3. Les gens de droite sont des gens du peuple.   4. Les gens de droite pensent qu'il faut une police solide, une armée organisée et une justice sévère.   5. Les gens de gauche pense que le peuple peut se gouverner lui-même.   6. Le parti communiste est très puissant au gouvernement français.   7. C'est sous le régime socialiste qu'on a commencé à nationaliser les banques et les grandes entreprises.

Le Président a mal à la tête

Tout ne va pas toujours pour le mieux dans le meilleur des mondes, et la France a ses problèmes, comme tout autre pays.

Le chômage a atteint des proportions aussi importantes qu'aux Etats-Unis: le gouvernement français doit *débourser* des sommes d'argent énormes pour **to pay out** permettre aux chômeurs et à leur famille de vivre (allocation chômage). L'âge de la retraite a été avancé dans beaucoup d'administrations et d'entreprises pour encourager les plus vieux employés à laisser la place aux jeunes. Mais beaucoup de Français travaillent «au noir», c'est-à-dire que leur travail n'est pas déclaré, n'est pas *imposable*, et l'employeur paie l'employé de la main à la **taxable** main; il n'y a pas de *rentrée fiscale* et le gouvernement y perd. **income from taxes**

Le problème des travailleurs immigrés est devenu *primordial*: ces gens vien- **most important** nent de l'étranger, où les conditions de travail et le chômage sont pires qu'en France: ils viennent d'Afrique du Nord, d'Afrique noire (Mali, Sénégal), du Pakistan, mais aussi du Portugal, d'Espagne et d'Italie. Ils acceptent de faire des travaux que les Français refusent de faire: travail *à la chaîne* dans les **assembly line** usines, *ramassage* des *ordures ménagères*. Ils sont sous-payés, et souvent ne **collection / household** bénéficient pas des avantages sociaux dont les Français profitent. Pourtant ils **garbage** envoient la plus grande partie de leur salaire à leur famille restée au pays; ils vivent à dix ou douze dans une petite chambre dans des conditions sanitaires misérables. Quand leur famille vit avec eux, ils occupent des logements groupés en ghettos, dans des *grands ensembles* où la révolte, le crime explosent. **low-income housing** Ils sont souvent impopulaires, rejetés par le reste de la population et rendus **projects** responsables des troubles racistes qui se manifestent en France.

Le régionalisme cause aussi des soucis au gouvernement. Bien que les langues et la culture de certaines régions soient protégées et développées (on enseigne le breton à l'université de Rennes, le provençal à Aix), un mouvement très fort d'indépendance existe dans des provinces comme la Bretagne et la Corse. *A coups de* menaces et parfois de bombes, les partis extrémistes et **with the help of** nationalistes qui sont à la tête de ces mouvements exigent une libération inconditionnelle. C'est comme si le Texas ou la Californie voulaient se séparer

On parle beaucoup de Simone Veil[5] comme future Présidente de France. Est-ce que Mme Thatcher lui donne des conseils sur ses futures fonctions?

des Etats-Unis! Par exemple, en Corse, le mouvement régionaliste a causé tellement de troubles (meurtres, kidnappings, bombes dans des bâtiments) que les vacanciers sont moins nombreux. On pense que les causeurs de troubles font partie d'une mafia pour qui l'indépendance du pays n'est pas le seul idéal.

Enfin l'opposition aux centrales nucléaires, aux dangers des *dépotoirs* où s'accumulent les *déchets* des produits nocifs a vu *naître* un mouvement important de protestataires. On signale que des tonneaux de déchets d'usine nucléaire se sont perdus pendant le transport et la population s'alarme. En France les «écolos» attirent l'attention du public par leurs *démonstrations* et leur activité politique.

Tout cela donne des maux de tête au Président!

dumps
refuse, waste / to rise

rally

QUESTIONS

1. Est-ce que le chômage est un problème important en France?   2. Pourquoi l'âge de la retraite a-t-il été avancé?   3. Qu'est-ce que c'est que le travail au noir?   4. Quels travaux est-ce que les Français refusent de faire? 5. Qui fait ces travaux à leur place?   6. Comment vivent les travailleurs immigrés?   7. Quelles provinces françaises donnent du souci au gouvernement?   8. Que veulent les partis extrémistes?   9. Que font les écologistes contre les centrales nucléaires?

---

5. **Simone Veil** is a famous political figure. A former prisoner in a war camp, she was once Ministre de la Santé Publique, Présidente du Parlement Européen. She is responsible for the passing of many laws in favor of women's rights.

Capsule

Les faux-amis

Beaucoup de mots se ressemblent en anglais et en français, et très souvent ils ont le même sens. Mais parfois, il existe des «faux-amis», c'est-à-dire des noms qui se ressemblent dans les deux langues mais ont une signification différente. Cela est vrai dans le domaine de la politique en particulier: un député n'est pas un ''deputy'', mais une personne élue et représentant ses électeurs à l'Assemblée Nationale. Un représentant en français est quelqu'un qui *fait du porte à porte* et essaie de vendre ses produits, alors qu'en anglais un ''representative'' est un... député! Un sénateur américain joue un rôle politique beaucoup plus important que son *homologue* français. Un ministre en France est un ''secretary'' en Amérique. On pourrait continuer la liste, en politique et dans bien d'autres domaines. Attention, donc, à ces faux-amis qui quelquefois peuvent vous *jouer des tours*!

sells door-to-door

equivalent

play tricks

QUESTIONS   Complétez les phrases suivantes avec les renseignements que vous trouverez dans la lecture.

1. Un «faux-ami», c'est...   **2.** En anglais, «député» se dit...   **3.** En français, un ''representative'' c'est un... et un ''secretary'', c'est un...

Lecture de distraction

Au café

Il est 6h du soir dans une petite ville de province en France. Avant de rentrer chez eux beaucoup de Français s'arrêtent quelques instants au café pour y discuter, boire un petit coup *et parler «politique». Autour d'une table se retrouvent Monsieur Aubert, instituteur libéral de gauche; Monsieur Studer, ouvrier socialiste à tendances communisantes; et Monsieur Mengin, médecin aux idées conservatrices.*

to have a drink

M. Aubert: Alors, M. Studer, *un petit blanc* comme d'habitude?   *un petit verre de vin blanc*
M. Studer: Oui, merci, avec plaisir! Comment se sont passées vos vacances?
M. Aubert: Très bien! Nous sommes allés en Espagne et au Portugal. Et vous?

we had to be happy with

are you complaining
   about

M. Studer: Ah! Vous avez bien de la chance! Nous, *nous nous sommes contentés* d'un mois en Bretagne.

M. Mengin: Eh bien! De quoi *vous plaignez-vous*? Je dois maintenant payer tellement d'impôts que je n'ai pu prendre que deux semaines de congé! Et j'avais pourtant l'intention d'aller faire un safari.

M. Studer: C'est bien normal que la situation change un peu et que des privilégiés comme vous paient aussi!

M. Mengin: Peut-être! Mais pourquoi devrais-je payer pour ceux qui ne font rien?

M. Aubert: Ah! Non! Docteur, là, vous exagérez! Pendant longtemps vous avez été favorisé. N'est-il pas juste que le gouvernement demande à ceux qui le peuvent de participer au développement du pays et à une certaine égalité entre les classes?

to go on strike

M. Mengin: D'accord! Mais vous pouvez *vous mettre en grève* et obtenir par la force ce que nous avons par notre travail!

M. Studer: Je pense que nous travaillons autant que vous, seulement, dès le début, il y avait l'inégalité: mes parents n'avaient rien, les vôtres

riches

étaient suffisamment *aisés* pour vous envoyer à l'école de médecine!

M. Aubert: Allons! Ne nous disputons pas! Après tout, chacun essaie d'obtenir autant que possible, et...

M. Mengin: Excusez-moi de vous interrompre, Monsieur l'instituteur, mais vous devez être bien heureux avec toutes vos vacances! Et la sécurité de l'emploi, et la retraite, et les soins médicaux payés...

to pay for a round of
   drinks
card game very popular
   in France

M. Studer: Ecoutez! Chaque fois, nous parlons de la même chose et nous ne sommes jamais d'accord! Allez! Je vous *paie une tournée* et... que diriez-vous d'une petite *belote*?

M. Mengin: Personnellement, je préférerais le bridge et...

M. Aubert: Allez! Docteur! Jouons donc à la belote et oublions, comme d'habitude, nos différences politiques! Au fait, mon dos me fait mal depuis plusieurs semaines, et si vous aviez le temps entre deux consultations...

M. Mengin: D'accord, d'accord! Mais vous savez sans doute que mon fils n'est pas très fort en maths, et si vous pouviez, quelques heures par semaine lui expliquer...

M. Aubert: C'est entendu! Envoyez-le moi!

M. Studer: Ah! Plus ça change et plus c'est la même chose! Allons! Communistes, socialistes,... oublions tout ça. Donnons les cartes!

QUESTIONS   Dites si les déclarations suivantes sont vraies ou fausses. Si elles sont fausses, corrigez-les.

1. Le docteur Mengin est un homme d'une classe privilégiée.   2. M. Studer se plaint de ne pas avoir eu assez de vacances.   3. Les docteurs en France ne peuvent pas se mettre en grève.   4. Les parents de M.Mengin avaient assez d'argent pour payer des études de médecine à leur fils.   5. Les ouvriers préfèrent jouer au bridge plutôt qu'à la belote.   6. L'instituteur a mal au dos.

7. Le fils du docteur est un génie en maths.   8. Les trois amis se disputent et ne se verront plus.

Exercices de vocabulaire

A. Le mot "people" peut se traduire de différentes façons: **les gens, les sujets** (d'un roi), **les personnes, le monde, le peuple, les parents, la nation, on.** Dans les phrases suivantes, choisissez le mot qui convient.

1. Cet homme aime revenir dans son village et rendre visite à (*his people*) _____.

2. En France _____ aiment bien «discuter politique».

3. _____ sont froids dans le Nord de la France.

4. Il y avait beaucoup de _____ à cette démonstration.

5. La droite se méfie du _____.

6. La _____ française est très divisée politiquement.

7. Le roi Henri IV était très aimé de ses _____.

B. Remplacez les expressions en italique par une expression synonyme que vous trouverez dans les lectures.

1. Les ouvriers qui n'ont pas de travail reçoivent *une somme d'argent allouée par le gouvernement*. («Le Président a mal à la tête»)

2. Beaucoup de travailleurs immigrés travaillent *sans déclarer leur salaire*. («Le Président...»)

3. *Les personnes en vacances* envahissent les plages. («Le Président...»)

4. Les professeurs *s'arrêtent de travailler* pour protester. («Au café»)

5. Pour fêter mon succès à l'élection, *j'offre une consommation* à plusieurs personnes. («Au café»)

6. Les gens *aisés* n'ont pas de raisons de se plaindre. («Au café»)

C. Quel est le mot dans chaque série qui n'appartient pas au groupe? Dites pourquoi et utilisez-le dans une phrase.

1. a. socialistes
   b. rapatriés
   c. éducation nationale
   d. consommation

2. a. sénateur
   b. président de la république
   c. ministre d'état
   d. anciens combattants

3. a. inflation
   b. chômage
   c. régionalisme
   d. congés payés

4. a. RPR
   b. UDF
   c. DOM TOM
   d. PS

A votre tour

1. Avez-vous voté aux dernières élections? Oui ou non? Quelles sont les raisons de votre choix?
2. Avez-vous pensé à faire de la politique une carrière? Quelles sont les raisons de votre choix?
3. Quelles sont, à votre avis, les qualités du Président idéal? A quels problèmes devrait-il d'abord essayer de trouver une solution?
4. Quels sont les problèmes que vous pouvez identifier dans votre région et qui ont des causes—et des solutions possibles—d'origine politique?

- chômage
- allocations familiales
- pauvreté

- minorités
- manifestations antinucléaires, etc.

Interviews

1. Vous conduisez une interview sur les activités et les tendances politiques d'un ou d'une camarade. Vous lui posez les questions suivantes:
   - Es-tu inscrit(e) sur une liste électorale?
   - Est-ce que tu votes?
   - Quelles sont tes tendances politiques? etc.
2. Vous interviewez votre candidat politique préféré et vous lui posez des questions sur son programme. Par exemple:

- reloger les travailleurs immigrés
- moderniser les écoles
- refaire les routes

- construire une Maison de la Culture
- développer le tourisme, etc.

Discussions orales ou écrites

1. Quels sont les avantages et les inconvénients d'un système à deux partis, comme aux Etats-Unis par exemple, et un système à multiples partis, comme en France ou au Canada?
2. Le président des Etats-Unis est élu pour quatre ans, celui de France pour sept ans. Quel système vous semble préférable et pourquoi?
3. Discutez les avantages et les inconvénients des deux solutions:
   - l'âge de la retraite avancé à 55 ans comme en France

- l'âge de la retraite repoussé jusqu'à 70 ans dans certains cas aux Etats-Unis
4. Y a-t-il un problème de travailleurs immigrés aux Etats-Unis? Pouvez-vous le comparer avec ce que vous savez des travailleurs immigrés en France?

- salaires
- conditions de logement
- problèmes de langue
- bénéfices sociaux, etc.

Activités

1. Faites un sondage pour déterminer les tendances politiques de la classe. Quelles sont, par exemple, les valeurs politiques qui paraissent importantes?
- Un gouvernement autoritaire?
- Une police forte?
- Le respect des traditions: famille, église, patrie?
- L'amélioration de la vie des travailleurs?
- L'accroissement des bénéfices sociaux?
- La cogestion (*joint management*) des entreprises?
D'après les réponses, déterminez qui est de droite ou de gauche.

2. Formez votre gouvernement. En vous inspirant de la composition du gouvernement français, quels ministères est-ce que vous supprimeriez ou ajouteriez? (Voir la liste pp. 222–225.) Justifiez votre choix.

3. Vous présidez à un Conseil des Ministres (*cabinet meeting*). Comment organisez-vous l'ordre du jour (*agenda*)?

- chômage dans l'industrie automobile
- grève des lignes aériennes
- démonstrations d'étudiants
- visite de la Reine d'Angleterre

- réception de Michael Jackson à l'Elysée
- désigner un ministre pour l'arrivée du Tour de France
- déficit de la Sécurité Sociale
- élections législatives

4. Vous organisez un débat présidentiel. Le candidat A représente les idées de la gauche, le candidat B les idées de la droite.

Candidat A
- Le peuple se gouverne lui-même
- Contre les autorités constituées: la noblesse, la finance, l'armée
- Six semaines de congés payés
- Retraite à quarante ans
- Egalité de la femme

Candidat B
- Croit aux traditions: famille, patrie, église
- Gouvernement fort
- Police solide
- Armée importante
- Libre entreprise

Vocabulaire

abattre to cut down
abîmer to spoil, ruin
abonnement *m* membership
d'abord first les ____s the outskirts
abordable affordable
abri *m* shelter bien à l' ____ well sheltered
s'abriter to find shelter
accéder to get into
accueil *m* welcome
accueillir to welcome
achat *m* purchase
acheter to buy
achever to finish; to put out of (its) misery
acier *m* steel
actualités *f* news
addition *f* restaurant bill
adhésion *f* subscription
adjudant-chef *m* sergeant
aérien airborne
affaire *f* deal une bonne ____ a good deal faire des ____s to do business
affiche *f* billboard être à l'____ to be up in lights ____ publicitaire billboard
affluer to be abundant
s'affoler to panic
s'agiter to move
aide *f* help(er)
d'ailleurs besides
ainsi que as well as
air *m* en plein ____ outdoors
aisé wealthy, well-to-do

à juste raison rightly so
à l'envers in reverse
allégé lightened
aller simple *m* one way ticket
allocation *f* allowance
allongé lying
allumage *m* ignition
allumette *f* match
alouette *f* lark
amaigrissement *m* reducing
amants *m pl* lovers
âme *f* soul
aménagé equipped
amende *f* fine
ameublement *m* furniture
amincissant reducing
s'amuser to have fun
ancien combattant *m* veteran
animer to make lively
anneau *m* ring
annonces immobilières *f* real estate ads
apéritif *m* before dinner drink
apeuré scared
appareils ménagers *m* appliances
appartenir to belong
arbitre *m* referee
arrière *m* fullback
arrosé sprinkled, accompanied
artisanat *m* arts and crafts
ascenseur *m* elevator
assiette *f* plate ____ en carton paper plate
assisté subsidized
assister à to attend

assommer to knock out
astuce *f* cleverness
astucieusement cleverly
atout *m* trump
atteindre to reach
attendre to wait s'____ à to expect
(s')attendrir to be moved
atténuer to reduce
atterrir to land
auparavant before
autant as much, as many
autoroute *f* freeway
avaler to swallow, to eat fast
avant *m* forward
avènement *m* arrival
avenir *m* future
avertir to warn
avis *m* notice
avocat *m* lawyer
avortement *m* abortion
avoué admitted

bagage *m* luggage
bagarre *f* fight
bagnole *f* car (slang)
baguette *f* long loaf of bread
baigner to bathe
bain *m* bath ____ remous *m* Jacuzzi la salle de ____s bathroom
balade *f* ride
balai *m* broom
balançoire *f* swing
balladeur *m* walkman
balle *f* bullet

banal ordinary
banalité f triteness
bande dessinée f cartoon
banlieue f suburb
barbant boring
barrage m dam
baskets f pl tennis shoes
bataille f battle
bâtir to build
belote f card game
bénévole volunteer
bercer to rock
berceuse f lullaby
berger m shepherd
bête stupid
bêtise f stupidity **les _____s** stupid actions
beurre m butter
bidon m can
bien well **ça fait du _____** it feels good **_____-être** m well being
bienfaiteur m benefactor
bienvenu welcome
bijou m jewel **mon _____** "honey"
bille f marble
bistrot m café
bizut m freshman
bizutage m hazing
blanchisserie f cleaner's
bleu blue; m freshman
boisson f drink **_____s douces** soft drinks
boîte f: **_____ de conserve** can **_____ aux lettres** mailbox
bol m bowl
bon (bonne) good **pour de _____** for good
bondir to jump up
border to line with
bosser to work (slang)
bouché bottlenecked
bouclier m shield
bouder to pout
bouger to move
boulot m work
boum m increase f teenager's party
bourgeon m bud
bourse f scholarship
bousculer to jostle
bout m: **_____ de bois** stick of wood **_____ de verre** piece of glass
boutique f shop

branché hooked
bras m arm **à _____ raccourcis** with tooth and nail
brassière f life jacket
brebis f ewe
brevet m diploma
bricoles f pl insignificant things
bridé restrained
brimer to bully
briquet m cigarette lighter
brisé broken
brochure f leaflet
bronzer to tan
brouillard m haze, fog **_____ jaunâtre** smog
broussaille f weeds **la _____ sèche** dry weeds
brûler to burn
brume f mist, fog
bruyant noisy
bûche f log
buisson m bush
buraliste f or m owner of a cigarette shop
but m goal

cabane f hut **_____ de pierres** stone hut
cabinets m pl toilets
cacher to hide
cachet: porter un _____ to wear a mark
cadeau m gift
cadence f rate
cadre m executive **_____ moyen** junior executive **_____s** settings
caisse f box **_____ enregistreuse** cash register
calciné burnt
câlin m hug
camion m truck **_____ balai** rescue truck
canaille m rascal
cannelle f cinnamon
cantine f cafeteria
cantonner to limit
capital m stock
capot m hood
capsule f bottle top
car m bus
caravane f trailer
carburant m fuel
carré m square
casoar m plumed cap
casser to break

casse-tête m loud noise; work requiring mental concentration
cave f cellar
ceinture f belt, outskirts
célibataire bachelor **mère _____** unwed mother
cendre f ash
cendrier m ashtray
censé supposed
cependant however
certificat m diploma
chagrin m sorrow
chahuter to tease
chahuteur rambunctious
chaîne f chain, stereo, channel **à la _____** assembly line
chambre f bedroom **en _____** indoors
champ m field
champignon m mushroom
chanceux(euse) lucky
chant m choir
chanter to sing
charbon m coal
charge f load **les _____s** utilities, inconveniences
chasse f hunting
château m castle
chauffage m heater
chaumière f thatched roof, cottage
chef d'entreprise m director
chemin m: **_____ de fer** railway system
chevalier m knight
chèvre f goat
chic chic, nice
chiffon m rag
choix m choice **l'embarras du _____** problem of choosing
chômage m unemployment
chômeur m unemployed person
chorale f choir
chouchou m teacher's pet
chouette neat, swell
chou-fleur m cauliflower
chute f fall
chuter to fall
cinéaste film-maker
circulation f traffic
cire f wax **_____ à épiler** hair removing wax
citerne f tank
citoyen m citizen
clandestin: passager _____ stowaway

classe: faire ses ____s to go to boot camp

clef *f* key le trousseau de ____s set of keys

clignotant blinking

cloche *f* bell, dummy

clôture *f* fence

clou *m* nail les ____s pedestrian crossing, spikes

coccinelle *f* ladybug

cocorico cock-a-doodle-do

code de la route *m* traffic laws

cœur *m* heart avoir mal au ____ to have a stomachache

coffre *m* trunk

collège *m* secondary school

colline *f* hill

colombe *f* dove

combinaison isothermique *f* wet suit

comble filled up

commande *f* order

compris included

concierge *m, f* apartment manager

concours *m* contest

concurrence *f* competition

concurrent *m* competitor

condiment *m* seasoning

conducteur *m* driver

conduire to drive le permis de ____ driver's license

conduite *f* behavior or driving ability

confectionner to make (professionally)

conférencier *m* lecturer

conférer to grant

confiture *f* preserves

congé *m* vacation les ____s payés paid vacation

connaissance *f* knowledge

conquête *f* conquest

conscient aware

conseil *m* advice

conseiller to advise

consigne *f* checkroom

constater to realize

(se) contenter to be happy

contrarié hindered

contravention *f* ticket

copain-copine buddy-buddy

co-propriété *f* condominium

coquelicot *m* poppy

coquille *f* shell

corbeille *f* basket

corbleu by Jove

corde *f* rope ____ à linge clothesline

corser to intensify

corvée *f:* les ____s ménagères household chores

côté *m* side de ____ sideways

couche *f* layer

coude *m* elbow

couler to run

couloir *m* aisle

coup *m:* ____ de poing punch ____ de pied kick ____ de fil telephone call boire un petit ____ to have a drink

coupe *f* cup

couper to cut, to turn off

cour *f* courtyard

courir to run

courrier *m* mail

courses *f pl* races; errands

couru run; popular

couturier *m* fashion designer

couvert *m* silverware mettre le ____ to set the table

crédit: à ____ in installments

crétin *m* idiot

crever to split open

cri *m* scream ____ de souffrance scream of pain

croisière *f* cruise

crottin *m* horse dung

croustillant crusty

cru *m* vintage grand ____ fine vintage

cueillir to gather

dactylo *f* typist

dame *f* lady les ____s checkers

damier *m* chessboard

date limite *f* deadline

débarrasser to get rid of ____ la table to clear the table

débouché *m* job opportunity

débourser to pay out

se débrouiller to manage

débuter to begin

décerner to grant

déchet *m* refuse, waste

déchirer to tear

décoller to take off

décourager to discourage

découvrir to discover

décrire to describe

dedans inside

défaut *m* fault

défavorisé disadvantaged

défi *m* challenge

défoncer to smash

déguster to savor

dehors outside en ____ de outside of

deltaplane *m* hanggliding

démarrer to start

dément crazy

démesuré out of proportion

demi *m* halfback

demi-dieu *m* halfgod

demi-tour *m* U-turn

démonstration *f* rallye

dent *f* tooth avec des ____s with teeth sticking out à belles ____s heartily

dépense *f* expense

(se)déplacer to go from one place to another

déposer to drop off

dépotoir *m* dump

déprimant depressing

déprime *f* depression

déraillement *m* derailment

déraper to skid, slip

désagréable unpleasant

descente *f* downhill

déshabillé undressed

désigner to elect

desservir to serve

dessin animé *m* cartoon

dessus on top of

désuet old fashioned

(se)détraquer to break down

détresse *f* misery

deuil *m* mourning

devise *f* foreign currency, motto

devoir *m* duty ____s homework

digestif *m* after dinner drink

diligence *f* stage coach

diplôme *m* degree

discours *m* speech

disponible available

distrait absentminded

Dites donc! Say!

docu *m* short film subject

dodo *m* sleep (fam.)

domicile *m:* à ____ at home

dommage too bad

dopant *m* stimulant

dorénavant henceforth

doté endowed

douanier *m* customs officer

douceur *f* softness ____s sweets

doué talented

draconien strict

droit: tout _____ straight

eau *f* water _____ courante
running water
écart *m* gap
s'écarter to move away
échanger to exchange
échec *m* failure les _____s chess
éclairage *m* lights
éclater de rire to burst into
laughter
école maternelle *f* kindergarten
écolier *m* elementary school
student
économies *f pl* savings
écoute *f:* rester à l'_____ to listen
écran *m* screen le petit _____
television
écriteau *m* sign
écriture *f* writing, penmanship
écrivain *m, f* writer
effilé lean
s'effondrer to collapse
s'efforcer to try
effrayer to scare
égard *m* respect
égayer to cheer
élire to elect
élu elected
émaner to radiate
embarras *m:* _____ de circulation
traffic jam
(s')embarrasser to burden oneself
embaumer to be fragrant
embouteillage *m* bottleneck, traffic
jam
émission *f* program
émouvant moving, sad
emploi *m* job
en bordure de on the outskirts of
encadrement *m* framing
enceinte pregnant
en chambre indoors
encombrant cumbersome
encombré crowded
en cours in progress
encre *f* ink
endiguer to stop
enfance *f* childhood
enfin *m* finally, in the end
engagement *m* commitment
s'ennuyer to be bored
ennuyeux boring
en panne broken down tomber
_____ to break down
enragé enthusiastic

enregistrer to record
ensablé covered with sand
enseignement *m* teaching
en somme finally
en tant que as
entassé piled up
s'entasser to pile up
entendre to intend
enterré buried
enterrer to bury
entouré surrounded by
entr'acte *m* intermission
s'entraîner to practice
entreprise *f* firm, business petite
_____ small business
entretenir to maintain
entretien *m* upkeep
envahir to invade
envelopper to wrap
environ around les _____s
outskirts
épais thick
éparpiller to scatter
épinard *m* spinach
épingler to catch
époque *f* period of time
épreuve *f* test
équilibre *f* balance
équipage *m* crew
équipe *f* team
équitation *f* horseback riding
escalade *f* mountain climbing
espèce *f* species
espiègle mischievous
espoir *m* hope
esquimau *m* ice-cream sandwich
s'essouffler to be out of breath
estivant *m* summer vacationer
établissement *m* building,
school
étanchéité *f* water tightness
étape *f* day's race, stage of a
journey
éteindre to turn off
ethnie *f* ethnic group
étiquette *f* tag, label
étouffement *m* choking
étranger foreign à l'_____
abroad
étroitesse *f* narrowness _____
d'esprit narrow-mindedness
(s')évader to escape
évasion *f* escape
événement *m* event
éviter to avoid
exploit *m* feat

extérieur: à l'_____ outside

fâché mad
se fâcher to get mad
façon: de _____ que so that
facture *f* bill
fade tasteless
faiblesse *f* weakness
faim: avoir _____ to be hungry
faire des emplettes to shop
famine *f* hunger
faon *m* fawn
farniente *m* doing nothing
faute de for lack of
fauteuil *m* armchair
fauve *m* wild beast
faveur: en _____ popular
fesses *f pl* behind, rear end
feuille de vigne *f* grape leaf
fidélité *f* faithfulness
fier proud
se figurer to believe
filière *f* channel
film policier *m* detective movie
fin *f* end mettre _____ à to put
an end to
flagrant obvious
flic *m* cop
flipper *m* pinball machine
flotte *f* fleet
foi *f* faith ma _____! honestly!
de bonne _____ in good faith
foie *m* liver _____ gras goose
liver pâté crise de _____ *f* upset
stomach
foire *f* fair
fois *f* time à la _____ at the
same time une _____ que once
il était une _____ once upon a
time
folie *f* madness
foot *m* soccer
force *f* strength
forfait *m* package deal
fossé *m* gap, ditch
fou (folle) crazy
fouiller to search, dig
fouillis *m* mess
foule *f* crowd
four à micro ondes *m* microwave
oven
fourmi *f* ant
fourrure *f* fur
frais *m* expenses à grands _____
at great expense
fraise *f* strawberry

franchir to jump
franglais *m* mixture of French and English
fredonner to hum
frein *m* brake
fric *m* money (slang)
frites *f* French fries
frondeur rebellious
frotter to scrub
fureur: faire ____ to be popular
fusée *f* spaceship

gaffe *f* faux pas
gagnant *m* winner
galet *m* pebble
garde à vous *m* attention **se mettre au ____** to stand at attention
garderie *f* day care center
garer to park
gars *m* guy **Hé les ____!** You guys!
gâteau *m*: **____ sec** cookie
gaulois Gallic
gaz *m* gas **le ____ d'échappement** exhaust fumes
gémir to whine
gênant bothersome
gêner to be in the way
gérant *m* manager
gifle *f* slap
glace *f* mirror; ice; ice cream
glisser to slide
gluant sticky
godillot *m* army boot
gosse *m* kid
goudron *m* tar
gourmand *m* one who overindulges in eating
gourmet *m* one who enjoys good food
goût *m* taste **le bon ____** good taste
goûter to snack
grâce à thanks to
grand: au ____ jour openly
gras greasy
gratuit free
gravure *f* engraving
grève *f* strike **se mettre en ____** to go on strike
griffe *f* claw
grille *f* gate
gringalet *m* weakling
grippe *f* flu
grognement *m* grumbling

gros big **en ____** roughly
____ porteur *m* jumbo jet
grossesse *f* pregnancy
guerrier *m* warrior
guetter to watch for
gueule *f*: **amuse ____** *m* appetizer
gui *m* mistletoe
guichet *m* ticket window

habitant *m* inhabitant, resident
s'habituer to get used to
haltère *f* weight
haricot *m* bean
hasard *m* chance
hauteur *f* height **à sa ____** at his level
heure *f* hour **l'____ de pointe** rush hour
heurter to shock **se ____ à** to confront
histoire *f* history, story **ça fait des ____s** it causes troubles
homologue *m* equivalent
honoraire *m* fee
honteux(euse) shameful
horaire *m* schedule
hors-d'œuvre *m* first course
hors-la-loi *m* outlaw
humeur *f* mood
hurlant howling
hurlement *m* howl
hurler to scream
hydratation *f* moisturizing

illustré *m* comic book
immatriculé registered
immeuble *m* building
immobilier *m* real estate
impensable out of question
imposable taxable
impôt *m* tax
incendie *m* fire
inconnu unknown
incroyable unbelievable
indéfectible indestructible
inépuisable inexhaustible
inestimable priceless
infarctus *m* heart attack
informaticien *m* computer operator
infrarouge *m* heat lamp
inquiétant disturbing
s'inscrire to register
insensé crazy
insolite unusual
s'installer to get settled

institutrice *f*· school teacher
intendance *f* supply services
interdire to forbid
interrogation écrite *f* written test
inutile useless
invivable unlivable
ivrogne *m* drunk

jacquet *m* backgammon
jambon *m* ham
javellisé chlorinated
jeu *m* game **être en ____** to be at stake **____ de société** parlor game
jeunesse *f* youth
jouer to play **____ des tours** to play tricks **se ____** to be played
joueur *m* contestant
jouir to enjoy
journée *f* day **____ continue** 9 to 5 schedule
jumeaux (elles) *m, f* twins
jurer to swear
juron *m* swear
jus *m* juice
jusque dans as far as

klaxonner to honk the horn

lâcher to let go
lainage *m* wool knit garment
laisse *f* leash **en ____** on a leash
laitue *f* lettuce **____ frisée** iceberg lettuce
lambeaux *m* shreds
lampe *f* lamp, light **____ de poche** flashlight
lancer to throw, to promote
lanterne *f* lantern **____ rouge** the last one to arrive
au large de offshore
largeur *f* width
larme *f* tear **au bord des ____s** ready to cry
laurier *m* laurel
lave-vaisselle *m* dishwasher
laxisme *m* permissiveness
léger light, minor
lettre *f* letter **la boîte aux ____s** mailbox
liaison *f* link
librairie *f* bookstore
licence *f* bachelor's degree
(se) lier to get acquainted

lieu *m* place **au ____ de** instead of

linge *m* clothes **corde à ____** *f* clothesline

littoral *m* coastline

locataire *m/f* tenant

loge *f* concierge apartment

lointain distant

loisir *m* spare time

louer to rent

loup *m* wolf

loyer *m* rent **HLM: habitation à ____ modéré** low rent housing

lutter to fight

lycée *m* high school

machine à laver *f* washing machine

magasin *m* store

magnétoscope *m* video cassette recorder

maillot *m* jersey **____ jaune** yellow jersey worn by the leader of the Tour de France **____ de bain** swimsuit

maire *m* mayor

majorité *f* adulthood

mal *m* evil **être ____ dans sa peau** to feel uncomfortable about oneself **____ de mer** seasickness

malaise *m* discomfort

malbouffe *f* poor eating habits

malgré in spite of

malin cunning

manche *m* handle *f* sleeve

manège *m* merry-go-round

manier to handle

manifestation *f* rally

manifester to show, demonstrate

manque *m* lack

Mardi-gras holiday in mid-February

marée *f* tide

se marier to get married

marionnette *f* puppet

marque *f* brand

marrant funny

match *m* game

matières grasses *f pl* fat

matinée *f* morning **faire la grasse____** to sleep in

matraquage *m* plugging

maux *m pl* diseases

mazout *m* crude oil

mec *m* man (slang)

méchant mean, venomous **____** *m* bad guy

se méfier to distrust

même even

ménage *m* housecleaning **femme de ____** maid, cleaning lady

mendier to beg

meneur de jeu *m* disc jockey

menteur(euse) liar

méprisant scornful

merde *f* shit (*slang*)

mésaventure *f* mishap

metteur en scène *m* stage director

mettre to put **____ le couvert** to set the table

meubler to fill

miel *m* honey

mille-feuilles *m* Napoleon (pastry)

mince thin

mine *f* complexion **avoir bonne ____** to look healthy

mioche *m* kid **micro____** video kid

mise *f*: **la ____ en forme** reconditioning

misogyne *m* woman-hater

mi-temps part-time

mitrailleuse *f* machine gun

modéré moderate, low

moitié *f* half **de ____** by half

mollet *m* calf

môme *m* child (*fam.*)

monter to put together

monticule *m* small hill

montre *f* watch

morale *f* morality **faire la ____** to scold

mouette *f* seagull

moule *f* mussel

moulé tightly fitting (clothes)

moulin *m* windmill

Moyen Age *m* Middle Ages

moyens *m pl* means **avoir les ____** to be able to afford something

municipalité *f* town council

naissance *f* birth

naître to be born, rise

nappe *f* tablecloth

naufrage *m* wreck

neige *f* snow

net, nette definite

nettoyage *m* cleanup

nettoyer to clean

nid *m* nest

n'importe qui just anybody

niveau *m* level

nocif(-ive) harmful

noix *f* walnut

nommer to appoint

nourrice *f* baby-sitter

nourrir to feed, bring nourishment

nourriture *f* food

noyade *f* drowning

nu naked

nuire to be harmful

obligatoire compulsory

occasion *f*: **d'____** used, secondhand

œil *m* eye **avoir bon pied bon ____** to be in good health

ondes *f pl* waves **sur les ____** on the radio

opérateur(-trice) camera operator

opprimé *m* oppressed person

orage *m* thunderstorm

ordinateur *m* computer

ordre *m* order **mettre de l'____** to tidy up

ordures *f pl* garbage **les ____ ménagères** household garbage

osé daring

ours *m* bear

outil *m* tool

ouvreuse *f* usherette

ouvrier *m* blue collar worker

paille *f* straw

pain *m* bread **le ____ complet** wholewheat bread

palais *m* palace; palate **réjouir son ____** to please one's palate

palpitant thrilling

panne *f* breakdown **tomber en ____ d'essence** to run out of gas

panneau *m* sign

papiers militaires *m pl* draft papers

papillon *m* butterfly

paquebot *m* ocean liner

Pâques Easter

parcours *m* course

pareil(-eille) same

paresse *f* laziness

parier to bet

parole *f* word

à part besides

partie *f* part **faire _____ de** to belong to **se taper une _____ de** to play a game of

parution *f* publication

pas *m* step, footstep

pas encore not yet **n'est _____ là** has not yet reached that point

passant *m* passer-by

pâté de foie gras *m* goose liver spread

pâté de maison *m* city block

patience *f* solitaire (card game)

patinoire *f* skating rink

patins à roulettes *m pl* roller skates

paupière *f* eyelid

pavillon *m* track house

paysage *m* landscape

pédalo *m* pedal-boat

pèlerinage *m* pilgrimage

pelle *f* shovel

pelouse *f* lawn

pendant during **_____ que** while

penderie *f* clothes closet

pendouiller to hang (old French)

pensée *f* thought **la libre _____** free thinking

pension alimentaire *f* alimony and child support

percussion *f* drums

périphérique: boulevard _____ expressway outside of a large city

(se) permettre to allow oneself

permis *m* license **le _____ de conduire** driver's license

persienne *f* blinds

perte *f* loss, downfall

pétanque *f* bocce ball

petitesse *f* small size

pétrole *m* oil

peau *f* skin

pêche *f* fishing

péché *m* sin

peuple *m* working class

pièce *f* room

pied *m* foot **avoir bon _____ bon œil** to be in good health **mettre sur _____** to set up

piéton *m* pedestrian

pilule *f* pill **la _____ coupe faim** diet pill

pion *m* pawn

pire *m:* **le _____** the worst

pirogue *f* canoe

piscine *f* pool

piste *f* unpaved road, trail

plafond *m* ceiling

se plaindre to complain

plaisanter to joke, kid

plaisanterie *f* joke

plaisir *m* pleasure **faire _____ to** please, be palatable

planche *f* board **_____ à roulettes** skateboard **_____ à voile** windsurf board

plancher to surf

plaques d'immatriculation *f pl* license plates

plat *m* dish

plateau *m* tray

plein full **en _____ air** outside

plomb *m* lead

plumage *m* feathers

plumer to pluck

plupart *f:* **la _____** most

plus more **en _____ de** in addition

plutôt que rather than

pneu *m* tire

poche *f* pocket **lampe de _____** flashlight

poinçonnage *m* punching

poing *m* fist

point *m:* **mettre au _____** to perfect

policier *m:* **roman _____** detective story

polir to polish

pompiste *m* gas station attendant

pont *m* bridge **_____ rail** railway bridge **_____ route** road bridge

port *m* harbor

porte *f* door **faire du _____ à _____** to sell door to door

porte-clés *m* keychain

porte-monnaie *m* wallet

porter to carry **_____ le deuil** to be in mourning

portière *f* car door

poubelle *f* garbage can

poudrier *m* compact

pourboire *m* tip

pourri rotten

poursuivre to go after

pourtant however

pourvu que provided that

pousser to push, motivate, grow **_____ la chansonnette** to sing a song

prédire to predict

préfecture de police *f* police headquarters

pressé in a hurry

presse-citron *m* juicer

(se) presser to hurry

prêt-à-manger *m* fast food

preuve *f* proof **faire _____ de** to demonstrate

prévoir to foresee, make provision for

prime *f* bonus

primordial most important

prise de conscience *f* consciousness awakening

priver to deprive

prix *m* price **à n'importe quel _____** at any price

produit *m* product **_____ alimentaire** food **_____ d'entretien** cleanser

prôner to recommend

propriétaire *m, f* landlord, landlady

protège tibia *m* shin guard

puce *f* flea

puces *f pl* flea market

puéricultrice *f* adviser in child rearing

pupitre *m* desk

quai *m* wharf, platform

quand même anyway

quant à as for

quartier *m* area

quittance *f* receipt

quoique although

radio-balise *f* CB radio

raffermir to firm up

raisonnable reasonable, affordable

ralentir to slow down

rame *f* train

rançon *f* ransom

ration militaire *f* K ration

ravaler to resurface

rayonnant radiant

rayonnement *m* radiance

réalisatrice *f* producer

réclame *f* publicity

régie *f* administration

régime *m* diet, political system

réglementation *f* control

rehaussé enhanced

rejoindre to meet

réjouir to rejoice **_____ son palais** to please one's tastebuds

relâche *f:* **faire _____** to be closed

reliure *f* book binding

remarquer to notice
remis en jeu put in question again
remonter to go as far as
rendre to give back, make se rendre ___ to realize
répandre to give out, spread out
repas m meal le ___ d'affaires business meal
repérer to locate
répétition f rehearsal
repos m rest
se reposer to rest
reprendre to resume
réprobateur reproachful
requin m shark
réseau m network ___ ferroviaire railway network
résidence secondaire f second (vacation) home
résoudre to solve
rester to remain
restop m restaurant + stop
restreint limited
rétablissement m restoration
retarder to delay
retenir to keep, select
retraite f retirement prendre sa ___ to retire
retraité m retired person
réussite f success, solitaire (card game)
revanche f revenge en ___ on the other hand
réveil-matin m alarm clock
revenu m income
rêver to dream
revue f magazine
ride f wrinkle
rideau m curtain
rigoler to laugh (fam.)
rigoureux(-euse) hard
rigueur f rigor à la ___ if worst comes to worst
rire to laugh
rivage m shore
robinet m faucet
rocailleux(-euse) rocky
roman m novel ___ policier detective story
rosé pink
rossignol m nightingale
rôti m roast
roue f wheel deux ___s two-wheeled vehicle
rougeole f measles

route f road mettre en ___ to start
rude rough

sable m sand
sac m bag ___ à dos backpack
sage quiet
sain healthy
salière f salt shaker
salle f room ___ d'attente waiting room
sang m blood
sanglier m wild boar
sans without ___ pour autant without in the least
saper to undermine
saucisse f sausage
sauf si except if
sauter to jump
sauvage wild, untouched des ___s uneducated persons
savant m scientist
savonner to lather with soap
savonneux(-euse) soapy
saynète f skit
scarabée m beetle
scruter to examine closely
sec, sèche dry
séchoir m dryer
secouriste m helper
séduisant attractive
seigneur m lord
séjour m stay
sélectionner to choose
sentier m path
shocking! what a shame
siège m seat
sinon otherwise
site m place ___ classé historical landmark
soie f silk
soigneusement carefully
soin m attention, care être aux petits ___s to lavish attention on
sol m soil, ground au ___ on the ground
solex m moped
son m sound
sondage m opinion poll
songer to dream
sorcière f witch
souci m worry sans ___ carefree les ___s ménagers household preoccupations

soucoupe f saucer ___ volante flying saucer
souffler to rest
souhaiter to wish
soupçonneux(-euse) suspicious
sous-sol m basement
souterrain m underground passage
soutien m help ___ -gorge m bra
stage m training
stand m booth un ___ de tir shooting gallery
station f resort
subir to endure
subventionné sponsored
succursale f branch
sucreries f pl sweets
suivre to follow, take
supplier to beg
supporter to stand
surdoué gifted
surgelé frozen
surmenage m overwork, stress
sursauter to jump
surveiller to watch
survêtement m jogging suit

tabac m tobacco un bureau de ___ cigarette shop
tablette f shelf
tache f dirt spot
taille f size ___ fine low calorie
tambour m drum, drummer boy
tamponner to stamp
tamponneuse: une auto ___ bumper car
tandis que while
tant mieux so much the better
tant pis too bad
taper to strike ___ dessus to hit
taquiner to tease
tarot m card game
tartine f slice of bread
tas m lot
tellement (que) so much (that)
témoigner to testify
tempête f storm
tenir: y ___ to stand
tension f blood pressure
terminer ses études to graduate
terrain m field ___ vague vacant lot
terrible fantastic
thonier m fishing boat

tirer to shoot
tissage *m* weaving
toile *f* cloth _____ **d'araignée**
  spider web
tomber to fall **laisser** _____ to
  drop, quit
tort *m* wrongdoing
tortue *f* turtle
tour *m* turn **faire demi-** _____ to
  turn back
tour *f* tower
tournant *m* curve
tournée *f* round of drinks **payer**
  une _____ to pay for a round of
  drinks
trahir to betray
train *m* train _____ **à grande**
  vitesse high speed train _____
  de banlieue commuter train
trait *m* feature
trajet *m* voyage
tranche *f* slice
travail *m* work **question** _____
  as far as work is concerned
travailleurs *m pl* laborers **les**
  _____ **immigrés** migrant workers
tricher to cheat
se tromper de to get the wrong
trou *m* hole
se trouver to be located
truquage *m* special effects
tube *m* popular song
tutelle *f* authority

type *m* guy

unité *f* unity _____ **d'action**
  combat group
urbanisme *m* urban planning
usager *m* user
usine *f* factory

vache *f* cow
vaisselle *f* dishes **faire la** _____
  to do the dishes
valable good
valoir to be worth
vannerie *f* basket weaving
vanter to praise
vapeur *f* steam
variétés *f pl* show
vedette *f* star
vélo *m* bike
vente *f* sale
ventre *m* belly
ver *m* worm
verre *m* glass **un bout de** _____
  a piece of glass
veuve *f* widow
viande *f* meat **un plat de** _____
  garni meat dish with vegetables
viennoiserie *f* a bakery where
  croissants, brioches, and ''pâte
  feuilletée'' (puff paste) are sold
vieux (vieille) old **mon** _____
  old chap, old friend
vignette *f* car registration

vignoble *m* vineyard
viol *m* rape
virage *m* turn
visage *m* face
vis-à-vis towards
viser to aim
visiblement obviously
vitesse *f* speed **la** _____ **de pointe**
  top speed **en** _____ quickly
vitre *f* window
vitré full of windows
vitrine *f* display window
vivable livable
vivres *f pl* food supply
vogue *f* fashion **en pleine** _____
  very popular
voie *f* track
vol *m* flight
volant *m* steering wheel **prendre**
  le _____ to drive
voler to fly; to rob
volonté *f* will **la bonne** _____
  good will
vu que considering that

wagon *m* train car

zone *f* area **la** _____ **piétonne**
  pedestrian area

Permissions

Publicité Sprint, pour l'autorisation de réproduction de la publicité *Curly*
Jacques Potherat, «Fantaisies des fast-foodeurs», 20 mai 1982, et «Le fast food», 1 avril 1983,
  l'Express
Patrick Séry et Nicole Le Caisne, «La folie de la forme», *l'Express,* 14 mai 1982
Laurence de Cambronne, article de *Paris Match*
Franka Berger, «Etre bien dans sa peau», *Elle*, numéro 1.637
Sempé & Goscinny, «Une bonne partie de foot», extrait et adapté de *Les récrés du petit Nicolas*, ©
  Editions Denoël
Christiane Charillon, pour l'autorisation de réproduction d'un dessin de Sempé, Chapitre 3
Philippe Aubert et Nicole Le Caisne, «Les jeux télévisés», *l'Express*, 12 novembre 1982
MGD Communication, pour l'autorisation de réproduction de la publicité *Jaz*
Marcelle Viale Barosi, «La paresse», adapté d'un article dans *Le Journal Français d'Amérique*
Sempé & Goscinny, «Une partie d'échecs», extrait et adapté de *Le petit Nicolas et les copains*, ©
  Editions Denoël

Photo Credits